개인주의자의 철학 수업

개인주의자의 철학 수업

어떤 철학이 나를 행복하게 만들까

마루야마 슌이치 지음 | 송제나 옮김

지와인

추천의 말

'지식 교양'을 표방하는 유튜브 채널을 운영하는 동안, 나는 '파편적인 지식의 나열'에서 벗어나는 영상을 만들고 싶다는 목마름이 간절했다. 일정 반응을 얻어야 지속 가능한 유튜브 채널의 특성상 지적인 포만감을 채워줄, 가장 좁은 의미의 '교양'만 다루는 것이 안전했으니까. 여느 때처럼 '재미있는 지식'을 사냥해 영상을 만들어보려던 순간 만난 이 책에는 내가 영상을 통해 사람들과 나누고 싶었던 (그러나 재미있게 다루기는 너무나 힘든) 깊은 교양들이 풍부하게 담겨 있었다.

'잘난 척'이 아닌 '잘남'을 위해 필요한 교양이 무엇인지. 지적 허영심을 넘어 반듯한 삶의 태도가 될 수 있는 교양이 무엇인지. 이를 명확히 말해주는 책이라니! '교양'이 주는 온전한 포만감이란 이런 것이 아닐까? 게다가 이토록 멋진 이야기를 하면서도 어깨에 힘을 주지 않는 저자의 차분함에서는 책의 목적과 서술 방식을 일치시키려는 진정성 또한 느껴진다. 지식을 얻겠답시고 문헌을 뒤적이거나 포털 검색을 해서는 결코 채울 수 없는 '진짜 교양'으로 배가 불렀다. 전혀 더부룩함 없이.

_'교양만두' 프로듀서, **김선욱**

나다운 것이 무엇인지, 원하는 삶의 방향을 찾아야 할 때, 끊임없이 '자기중심'을 잡아보려 하지만 늘 쉽지 않습니다. 무엇이든 넘쳐나는 시대에, 내면의 단단한 중심 잡기를 원하는 이들에게 추천합니다.

_'춤추는 선진이', 춤선 대표, **이선진**

혼자서 지낼지, 어울려서 지낼지가 갈등인 시대입니다. 그런 우리를 이 책이 유혹합니다. 세상 사는 이치를 앞서 깨달았던 분들의 다양한 관점을 펼쳐 보이며, 행복하고 유연한 개인주의자가 되라고 손짓합니다. 개인주의자는 이기주의자가 아닙니다. 세상과 내가 맺는 관계의 균형과 조화를 소망하는 사람일 뿐입니다. 개인은 낱낱의 사람이고 세상은 낱낱이 모여 이루어집니다. 세상의 굴레에서 벗어난 개인이 늘어나야 세상이 밝아집니다. 이 책을 읽고 나서 맛있는 밥을 혼자 드시고 영화를 홀로 보신다면 개인주의자가 되는 여행길에 소소하게 오르신 겁니다.

_정신분석가, 서울대 명예교수, 『프로이트의 의자』 저자, **정도언**

프롤로그

나의 성장은 무엇으로 가늠되는가

'가슴이 두근거리는 삶을 살자!' 자주 듣는 말입니다. 이 말을 접할 때마다 복잡한 생각이 듭니다. '가슴 두근거리는 삶'을 사는 게 애초에 나의 의지로 되는 일일까. '두근거린다'는 건 도대체 무엇일까.

사실 '두근거린다'는 것은 안정된 상태가 아닙니다. 기쁨이나 기대감으로 마음이 진정되지 않고 들뜬 상태를 뜻합니다. 약간의 위험과 변화도 느껴집니다. 무엇보다 가슴 두근거리는 삶은 누가 제시해줄 수 있는 게 아닌 것 같습니다. 진정한 의미에서 가슴이 설렌다는 건 '내가 스스로의 힘으로 알아냈다'는 마음이 있는 상태가 아닐까요.

그렇게 생각하면 현대 사회에서 도리어 두근거리는 일이

점점 줄어들고 있는 것 같습니다. 내가 도전해보고 싶은 웬만한 일은 남들도 다 해본 것 같습니다. 내가 시도하는 일이 남들에 비해 볼품없을까 봐 걱정이 됩니다. 저 문구를 볼 때마다 도리어 가슴 설레는 감정에 굶주린 사람이 늘어나고 있는 게 아닐까 싶습니다.

'두근거리는 삶'을 꼭 살지 않아도 됩니다. 멋진 인생을 살아야 한다고 초조해할 필요 없습니다. 남들에게 뒤처지지 않는 무언가를 반드시 찾아야 한다며 불안해할 필요 없습니다. '가슴 두근거리는 삶을 살자'라는 구호가 조금 공허하게 느껴지는 사람들, 어색하게 느껴지는 사람들이 있을 겁니다. 두근거림보다는 마음속 깊은 곳에서 분명하게 '살아 있음'을 실감하는 감각이 더 필요한 사람들도 있겠지요. 여러분이 확실히 여러분으로 존재하기 위해서 말입니다. 이 책은 그런 사람들에게 추천하고 싶습니다.

가슴 두근거리는 삶 대신 조금 색다른 대안을 제시해봅니다. 바로 '개인주의'입니다. 개인주의는 변화에 발 빠르게 대처해야 하는 요즘 시대에 반드시 가지고 있어야 할 개념입니다. 이 책에서 말하는 개인주의는 건방지고 오만한 이기주의가 아닙니다. 오히려 개별화된 개인들이 함께 이타적으로 살기 위해 필요한 삶의 태도라고 할 수 있습니다.

이기적인 삶은 개인주의 성향이 강할 때보다 집단의 압력이 강할 때, 그 압력과 기대에 부응하려 애쓸 때 생깁니다. 문제는 주어진 기대에 맞추기 위한 열정에 과몰입을 하게 되면 자신에 대한 과도한 기대로 계속 결핍에 시달리게 된다는 것입니다.

개인주의는 일시적으로 흥분되는 상태가 아니라, 살아가는 동안 유연하고 강인한 상태를 쭉 지속하기 위한 방법입니다. 누구도 쉽게 무너뜨릴 수 없는 자신감을 가지게 되는 일입니다. 자기 인생을 살아가는 데에 필요한 소중한 것을 찾아내는 방법입니다.

다양성을 부르짖는 시대에 새삼 개인주의를 고민해야 할까? 저는 현대 사회에서 다양성을 부르짖을수록 오히려 개인이라는 존재가 소홀하게 취급받는 아이러니를 느끼고 있습니다. 오늘날 초개인화 시대에는 취향, 세대, 문화, 욕망이 다 다르다고 합니다. 그런데 정말 그 속에 '개인'은 존재하고 있을까요?

다양성을 강조할수록 우리는 더욱더 이 집단에 속할지, 저 집단에 속할지, 선택을 강요받는 듯한 기분을 느낍니다. 더 없이 쪼개져 있을 뿐, 집단에 속하라는 압력은 여전합니다. 전체주의적 사고가 지배하던 시대보다 지금 시대에 개인주의가 더 필요합니다.

'개인주의'는 인간 성장의 정도를 가늠하는 기준이기도 합니다. 여러분은 비로소 자신이 '어른'이 되어간다고 언제 인식하셨습니까? 여러분은 언제 '나'라는 존재를 한 개인으로 인식하기 시작했습니까? 각자 차이는 있겠지만 대략 만으로 열넷 정도가 되는 나이가 되면 '나'를 인식하기 시작합니다. 아직 어른이라고 말하기도 어렵고, 그렇다고 어린이도 아닙니다. 어떤 상황에서는 나를 어른으로 대하고, 어떤 상황에서는 나를 어린이로 대합니다. 고민스럽습니다. 화가 나기도 납니다. 그 이전에도 '나'라는 존재가 있었는데, '또 하나의 나'가 등장하는 것을 느낍니다. 혼란스럽습니다. 이러한 과정을 통해 십 대 시절의 후반부에 '자의식'이 형성되어갑니다.

그러나 이런 혼란이 비록 십 대 후반에만 느껴지는 건 아닙니다. 너무나 빨리 변하는 사회에서 '나는 나'라는 확고한 감각은 수시로 흔들립니다. 한편으로 집단이 주는 압력은 여전하거나 오히려 늘었습니다. 우리는 다양한 집단 속에서 살아갑니다. 부모와 형제, 가족과 친척이 있습니다. 학교에서는 친구, 선후배, 선생님이, 직장에서는 상사가 주는 영향력이 절대적입니다. 여기에 이제는 온라인을 통해 다양한 집단과 관계를 맺습니다. 온갖 커뮤니티에서 여러 정체성을 요구받습니다. 현대인들은 과거보다 더 많은 집단과 관계를 맺는 존재가 되었습니다.

집단은 우리에게 소속감도 주지만 불안도 줍니다. 우리가 살아가면서 겪는 갈등은 거의 대부분 인간관계에서 오는데, 더 많은 관계가 생겨나면 어떻게 될까요? 스트레스의 정도가 점점 더 늘어납니다. 자신을 긍정적으로 느낄 수 있는 감각이 점점 줄어듭니다. 살아가는 동안 겪는 숱한 갈등과 위기를 해결하려면 궁극적으로 '나'에 대한 긍정적 감각이 반드시 있어야 합니다. 그런 감각 없이는 좋은 삶을 살아가기 어렵습니다. 좋은 삶을 살아가기 위한 감각, 이것이 바로 오늘날 필요한 '개인주의'의 정체입니다.

백 년도 더 전에 나쓰메 소세키라는 작가는 『나의 개인주의』라는 강연록을 남겼습니다. 그는 개성의 발전과 인생의 행복을 위해서는 '개인주의'가 필수라고 말했습니다. 그 당시에도 개인주의라는 말은 제멋대로인 사람, 자기 사정만 생각하는 사람을 가리키거나, 누군가를 비난할 때 사용되었습니다.

그러나 소세키는 이 '개인주의'라는 개념을 통해 본인이 스스로 인생을 개척했던 경험을 이야기합니다. 개인주의의 발견을 통해 과거와 다른 새로운 사고를 가지게 되었다고 말합니다.

소세키가 발견했던 개인주의 사고법은 오늘날에 더 쓸모 있는 사고법입니다. 그 이유 중 하나는 바로 '고독감' 때문입니다. 과거보다 현재의 사람들이 더 고독감을 많이 느낍니다. 인터넷을 비롯하여 언제 어디서나 누군가와 접속하고 접촉할 수 있지만, 오히려 사람들은 더 외로워합니다. 그 접촉은 언제든지 끊어짐을 당할 수 있는 접촉이기 때문입니다. 그 접촉이 이루어지는 공간에 존재하는 것은 '있는 그대로의 나'가 아니라 '남에게 보여주려고 만들어낸 나'이기 때문입니다. 폴란드 출신의 사회학자 지그문트 바우만은 이를 "고독을 잃어버린 시간"이라는 말로 표현했습니다.

연결되었기에 고독을 잃어버려 더 외로운 시대. 이런 시대이기 때문에 '자기 자신'을 잃지 않기 위한 철학적 훈련이 필요합니다. 그런 훈련 없이 사회를 해석하고, 새로운 삶을 개척해나가기 어렵습니다. 이 책에서 여러 철학자들을 소개하는 것은 바로 이 때문입니다.

인류의 위대한 현자들 중에서 이미 '개인주의'의 중요성을 알았던 이들이 있습니다. 이 책은 그들의 앞선 통찰력을 새롭게 배우는 과정입니다. 이제 철학은 강의실에 앉아서 듣는 딱딱한 수업이 아닙니다. 위대한 철학 사상은 다양한 교양의 영역에서 우리의 일상 속으로 흘러 들어가고 있습니다. 시대의 변화에 맞게 새롭게 해석되고, '쓸모'가 있어야 합니다. 나를 성장시키고, 타인을 이해하며, 사회적 관계를 맺기 위한 '쓸모'. 이 책에서 우리가 발견하는 철학의 의미입니다.

차례

2장 ○ 자신을 남에게 설명하기 어렵다면

_산책하는 철학자들

3장 ○ 독립과 자유가 두려울 때가 있다면

_라캉의 '거울 이론'과 프롬의 '인간의 마음'

4장 ◦ 마음 편히 사는 게 불안하게 여겨진다면

_노자의 '도'와 장자의 '자연'

5장 ◦ 자기혐오에서 벗어나고 싶다면

_몽테뉴의 '에세'와 파스칼의 '팡세'

1장

나를 위해 충분한 소비를 못 한다고 여겨진다면

_나쓰메 소세키 '나의 개인주의'

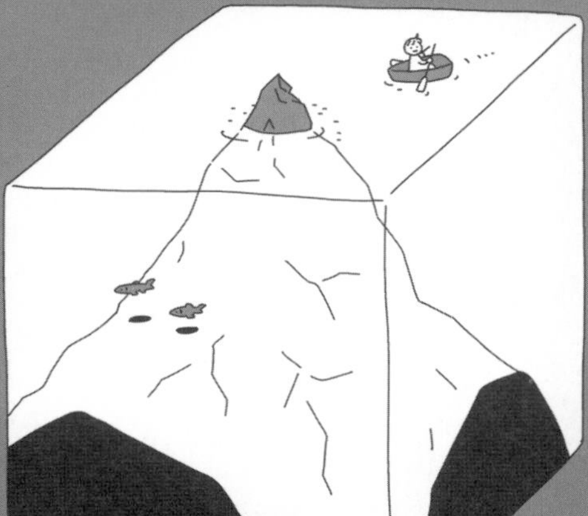

1. '죽느냐 사느냐'가 아닌 '사느냐 사느냐'라는 문제

인류가 최근에 겪었던 코로나 펜데믹은 '고립감'이 무엇인지를 느끼게 해주었습니다. 모두를 위해, 무엇보다 나를 위해 필요한 '격리'였지만 그 고립감으로 많은 이들이 힘들어했습니다. 코로나 펜데믹은 우리가 평소에 서로 얼마나 연결되어 있는지, 그 연결이 끊어지는 것이 얼마나 고통스러운지를 알려주었습니다. 뿐만 아니라 새로운 고민도 던져주었습니다. 이 시기에 많은 사람들이 공통적으로 했던 고민이 있었습니다. '감염병 확산을 막으면서 경제 활동도 잘하려면 어떻게 해야 할까?'

병에 걸리지 않으려면 아무도 만나지 않고 일도 멈춰야 하지만, 살아가려면 돈이 필요하고 활동을 해야 합니다. 이쪽을 지키려면 저쪽이 무너지는 딜레마인 것입니다. 이를 두고 '생명이냐 경제냐'라는 표현까지 등장했습니다. 가만히 생각해보면 이상한 말이죠. 생명이나 경제나 모두 '사는 문제'인데 말입니다.

이런 고민을 하면서 떠오르는 사람이 있었습니다. 작가 나쓰메 소세키입니다. 나쓰메 소세키는 열한 살에 친구들과 잡지를 만들고, 한문으로 논문을 쓸 만큼 영특했습니다. 일본 최초의 국비 유학생이 되어 영국으로 유학을 떠날 정도로 천재였습니다. 1867년에 태어난 나쓰메 소세키는 어떤 시대를 살았을까요. 당시 그의 조국 일본은 급격한 서구식 근대화를 겪고 있었습니다. 급속한 공업화를 목표로 삼고 유럽에서 선진 과학 기술을 도입했습니다. 온 나라가 서구를 따라잡기 위해 나섰고, 빠른 성장을 이루었죠.

그렇다면 사람들의 삶은 과연 과거보다 더욱 풍요로워졌을까요? 소세키는 기술 발전과 효율화만 중시한 나머지 사회 전체가 여유를 잃어가는 당시의 상황을 보며 이렇게 말합니다.

> 오늘날에는 죽느냐 사느냐라는 문제는 대부분 넘어섰습니다. 이 문제가 변화하여 오히려 사느냐 사느냐라는 경쟁이 되고 말았습니다.•

코로나 펜데믹이 우리에게 던졌던 '생명이냐 경제냐'라는 질문은 소세키가 말한 '사느냐 사느냐'와 비슷합니다. 소세키의 시대만이 아니라 현대 사회에서도 모든 것이 '사느냐 사느냐'의 경쟁이 되어버렸습니다. 이런 사회에서는 각 개인의 다양한 존재 이유가 사라집니다. 오로지 살아남아야 한다는 명제만 남습니다.

코로나 펜데믹과 같이 느닷없이 찾아오는 위기, 급격한 기술화 등 세상의 빠른 변화는 개인이 해결하기 힘든 어려움을 가져옵니다. 이런 어려움을 겪는 건 어쩔 수 없습니다. 하지만 이 상황 속에서도 자신의 존엄을 지키는 일은 결국 각 개인이 해내야 합니다. 내 삶의 본질을 들여다보려 하고, 그 본질을 파악하기 위해 필요한 이념, 철학, 사상 등을 탐색하려고 노력해야 합니다. 그런 노력 없이 '사느냐 대 사느냐'라는 구도에만 빠지면, 열심히 살면 살수록 '나'는 도리어 아무것도 아닌 존재가 됩니다.

•나쓰메 소세키, 『현대 일본의 개화』 중에서

2. 비슷하게 행동하라, 동조압력

코로나 펜데믹 이야기로 돌아가볼까요. 감염병에 걸리지 않기 위해 국가는 각 개인에게 '똑같은 행동'을 요구했습니다. 물론 커다란 위기 앞에 모두가 협력해야 했습니다. 그러나 그로 인한 부작용도 있었습니다. 어떤 일은 '의문을 품는 것'조차 용납되지 않았죠. 지금 하는 방식이 정말 효과가 있는지, 더 나은 방법은 없는지. 이런 질문을 던지는 것 자체가 허용되지 않았습니다.

코로나 펜데믹이 다소 특수한 경우이긴 하지만, 일상에서도 이와 비슷한 상황을 우리는 자주 겪습니다. '다 잘되자고 하는 일이니 똑같이 행동하자'라는 압력은 언제 어디에나 주어집니다. 이런 압력의 부작용은 더 나은 방법을 찾으려는 사고 자체를 멈추게 한다는 것입니다. 사고가 수동적으로 변하게 되고 새로운 대안을 탐색하는 능력은 줄어듭니다.

'남들과 비슷하게 행동하라'는 요구를 '동조압력'이라고 합니다. 과거보다 현대로 올수록 동조압력이 점점 옅어지고 있다고 볼 수도 있습니다. 사람들의 개성은 점점 뚜렷해지고, 자기 의견을 직접적으로 표현하는 경향이 강해지니까요. 물론 과거처럼 집단적으로 강요하고 권위로 누르는 동조압력은 많이 줄었습니다. 그러나 살아남으려면 남들처럼 해야 한다는 스스로 내면화된 동조압력은 훨씬 강해지고 있습니다.

이상한 상황이 벌어지고 있습니다. 사회 곳곳에서 우리는 '자기다움을 내세우라'는 이야기를 많이 듣습니다. 그런데 그 말대로 행동하는 사람이 많지는 않습니다. 자기 생각을 소신껏 말했다가 주변으로부터 '너만 왜 그렇게 생각해?'라는 반응이 돌아온 경험이 누구에게나 한 번쯤 있을 것입니다. '편하게 자기 생각을 말해'라고 하면서 다른 의견을 내놓으면 주변에서 눈치를 줍니다.

사실 집단은 개인의 생각을 내세우는 걸 좋아하지 않습니다. 가장 큰 이유는 효율성 때문입니다. 비슷한 생각을 가진 이들만 모여 있으면 결론이 빨리 납니다. 시간이 절약됩니다. 위험 요소도 적습니다. 최대한 많은 사람들이 생각하는 쪽으로 결론을 내면 뒷말도 별로 없습니다.

결론을 빨리 내고 싶어 하는 곳일수록, 모험하기를 꺼리는 곳일수록 개인에게 주어지는 동조압력이 강합니다. 전체가 잘못된 생각을 하고 한 사람만 상식적인 생각을 할 수도 있지만, '동조압력'은 생각의 질적 차이를 따지지 않습니다. '사느냐 대 사느냐'의 요구가 강해질수록 동조압력도 강해집니다. 소세키의 시대와 오늘날의 시대가 크게 다르지 않습니다.

나쓰메 소세키와 비슷한 시기에 활동한 작가 모리 오가이 역시 소세키와 마찬가지로 유학생이었습니다. 그 또한 독일 유학에서 돌아와 서양 방식을 도입하려 애쓰는 모국의 모습을 접하고, 소세키와 비슷한 감정을 느낍니다.

그의 소설에는 정원이 초과했는데도 승객을 계속 밀어 넣는 만원 전철 이야기가 나옵니다. 작품 속 주인공은 이 풍경을 보며 자신이 수용할 수 있는 용량을 넘었는데도 서양의 것을 더 받아들여야 한다며 초조해하는 일본의 모습을 발견합니다.

> 베를린에서는 좌석이 가득 차면 만원이다. 천장에 붙은 손잡이는 운행 중 전철 안을 걸을 때 붙잡기 위해 달린 것이므로, 손잡이를 잡고 서 있으면 차장에게 한 소리 듣는다. 똑같은 교통기관이 만들어져도 일본의 것은 어쩐지 부족한 느낌이 든다. 귀국한 지 얼마 안 된 사람 중에 이 느낌을 과장해서 고향을 아주 저주한다고 말하는 자도 있다.•

•모리 오가이, 『등나무 시렁』 중에서

서구의 최신 기술인 철도를 들여오긴 했지만 이 기술을 어떻게 사용해야 하는지에 대한 이해는 부족했던 것입니다. 어떻게 쓸 것인지는 생각하지 않고 일단 '가져오자'고 한 것이죠. 사람에 기술을 맞추는 게 아니라, 기술에 사람을 맞춘 것입니다. 기술이 급속하게 발전하고 있는 오늘날과도 비슷합니다. 기술의 발달은 우리에게 끝없는 적응을 요구합니다. 모두가 새로운 기술을 익혀야 합니다. 삶의 방식은 비슷비슷해집니다.

기술의 발전은 현대 자본주의가 추구하는 '선(善)'입니다. 세상은 각 개인에게 기술을 발전시키기 위한 새로운 아이디어와 창의성을 내놓으라고 요구합니다. 그러나 아이디어와 창의력은 지극히 개인적인 정신 활동입니다. 온전히 나에게 집중할 때 발현되는 능력입니다.

이런 정신 활동조차 '사느냐 대 사느냐'를 위해 발동시키고 경쟁해야 한다는 것은 엄청난 피로를 주고 맙니다. 일상을 편하게 만들어주고, 일을 더 빠르게 처리해주는 기술이 엄청나게 늘어났음에도 불구하고 우리가 늘상 피로하다고 느끼는 이유가 여기에 있습니다.

3. '감정'은 과연 내 것인가

그렇다면 온전히 '개인의 것'이라고 여겨지는 '감정'은 어떻습니까. 인간의 '감정'도 위기에 처해 있습니다. 감정은 지극히 개인적이며 주관적인 영역이지만, 현대 사회에서 개인의 감정은 기업들의 비즈니스 대상이기도 합니다. 미래의 비즈니스는 사람들의 기분을 먼저 차지하기 위한 경쟁일 뿐이라고 말하는 이도 있습니다. 오늘날 무엇인가를 사고파는 과정을 잘 들여다보면 이 말의 뜻이 금방 이해가 갈 것입니다.

현대 자본주의 사회에서 감정은 '상품'입니다. 감정이 상품이라는 말이 썩 유쾌하지는 않습니다. 내 감정이 물건처럼 쓰고 버리고 폐기될 수 있는 종류의 것이라면, 우리가 감정을 소중히 여길 이유가 없으니까요. 그러나 이미 많은 이들이 자신의 감정을 그렇게 쓰고 있습니다.

SNS를 봅시다. 우리는 SNS를 통해 다양한 인간관계를 맺고, 나의 감정을 자유롭게 표현하고 있다고 생각합니다. 그러나 사실은 SNS를 통해 드러난 나의 감정은 기업의 이윤을 만들어주는 데에 기능합니다.

우리는 SNS에 올라온 게시물을 통해 새로운 물건이 나

왔다는 것을 압니다. SNS에 올라온 리뷰를 보고 구매를 결정합니다. 인공지능은 내가 검색했던 키워드와 관련된 상품들을 다양한 방식으로 계속 보여줍니다. 메신저에서 친구와 나누는 대화를 비롯해 나의 생각과 감정을 표현하는 과정 모두가 소비와 연결되어 있습니다.

현대 사회의 소비 특징이 있습니다. 물질적으로 풍족하지 않았던 시대에는 일을 해서 돈을 벌면 생활에 필요한 것을 샀습니다. 사야 할 목록과 우선순위가 정해져 있었습니다. 세탁기, 냉장고 등 기능이 중요한 제품부터 사던 때가 바로 그런 소비의 시대였습니다. 그러나 오늘날의 소비 형태는 다릅니다. 필요에 의해 사는 것이 아니라, 기분에 의해 사는 비중이 높습니다.

가장 쉬운 예가 바로 체험에 돈을 쓰는 일입니다. 게임 앱, 웹툰 플랫폼, 드라마나 영화 구독 서비스, 다양한 캐릭터 굿즈 등에 쓰는 비용이 점점 늘어나고 있습니다. 이러한 소비에서 나타나는 특징은 '가치'를 정확하게 알기 어렵다는 것입니다.

식품, 가구, 가전처럼 물건 자체가 상품인 것들은 완성되기까지의 작업 과정을 대략 짐작할 수 있습니다. 때문에 그 상품의 가치가 어느 정도인지, 가격이 얼마 정도면 적당한

지를 판단할 수 있는 기준을 가지고 있습니다. 그 상품을 구매하는 사람이든 구매하지 않는 사람이든, 가치와 가격에 대해 비슷한 기준을 공유합니다. 그러나 감정의 영역이 상품이 된 것은 기준을 공유하기가 어렵습니다.

콘서트를 예로 들어봅시다. 열광적인 팬은 수백만 원을 주고서라도 콘서트 티켓을 사려고 할 것입니다. 반면 그 콘서트에 전혀 관심이 없는 사람에게는 가치 자체가 없습니다. '감동 체험'이라는 상품의 가치는 개인의 주관에 의해 크게 좌우됩니다. 고양감, 열광, 해방감 등이 상품 가치의 기준이 됩니다. 문제는 그 상품의 가치와 가격이 만족도가 '높은 쪽'에 맞춰진다는 것입니다. '난 삼십만 원을 주고서라도 가겠어'라는 사람이 있다면, 가격이 껑충 뜁니다.

이 때문에 역전 현상도 발생합니다. 높은 가격이 곧 높은 가치를 나타내는 현상입니다. 비싸기 때문에 더 공감하게 되고, 저렴하기 때문에 하찮게 여겨지는 일들이 벌어집니다. 비싼 돈을 주고 산 체험에 낮은 점수를 주기 어렵습니다. 비싼 값이 책정되어 있으면 그 체험이 다른 유사한 체험보다 더 좋을 것 같습니다. 도대체 나는 누구를 위해 소비를 하고 있는 것일까요.

현대 자본주의 사회에서

나의 욕망은

과연 내 것인가.

이와 같은 현상은 필수 소비의 영역까지 넘어왔습니다. 세탁기, 텔레비전, 냉장고, 자동차, 집 등을 사는 이유도 '감정'에 더 많이 좌우되고 있습니다. 내가 왜 굳이 이 비용을 주고 사야 하는지 분명하지가 않은 소비가 많아집니다. 남들과 비교당하기 싫으니 무리해서 소비를 합니다. 이런 소비가 많아지면 어떻게 될까요.

감정을 상품으로 하는 소비의 특징은 만족이 오래가지 않는다는 것입니다. 필요한 기능을 사용하는 소비가 아니라 감정을 체험하는 소비이기 때문에, 또 다른 체험을 하고 싶어집니다. 소비는 점점 늘어나고, 소비의 수준도 점점 높아집니다. 쓰는 돈이 점점 많아집니다. 이렇게 되면 소비 그 자체를 위해 돈을 벌어야 하는 일이 벌어집니다. 그 속에서 '나의 필요'는 사라져버립니다.

4. 자본주의 사회에서 개인의 소비는 없다

우리는 지금까지 현대 자본주의 사회가 왜 개인을 더 잃어버리기 쉬운 시대인지에 대해 살펴보았습니다. 사느냐와 사느냐라는 구도, 효율성을 위한 동조압력, 정신 활동의 경쟁화, 감정의 상품화. 이런 사회에서 발생하는 문제는 '자기

만족'을 느끼기가 어렵다는 것입니다.

때문에 현대 자본주의 세상에서 가장 중요한 철학은 바로 개개인의 소비 철학입니다. '소비'에도 철학이 필요할까요? 그렇습니다. 오늘날에는 개인의 '가치'가 바로 소비로 증명되기 때문입니다.

나를 위한 '가치 있는 소비'란 무엇일까. 이를 위해 알아두어야 할 두 가지 개념이 있습니다. 바로 교환가치와 사용가치입니다. 먼저 교환가치는 거래를 통해 발생하는 가치입니다. 예를 들어 삼각김밥이 천 원, 칫솔도 천 원이라고 하면 둘 다 천 원으로 살 수 있으므로, 삼각김밥과 칫솔은 서로 교환할 수 있는 같은 가치를 지닙니다. 이것이 '교환가치'입니다.

사용가치는 어떤 상품을 사용할 때 느끼는 가치입니다. 삼각김밥을 먹으면 영양과 에너지를 얻을 수 있을 뿐 아니라 맛있다고 느낍니다. 칫솔을 사용해 이를 닦으면 충치도 예방되고 기분도 상쾌해집니다. 사용가치란 실제 감각을 기반으로 획득됩니다.

교환가치가 시장에서 결정된다면 사용가치는 각 개인에 따라 결정됩니다. 하나의 상품에는 사용가치와 교환가치가 섞여 있습니다. 교환가치가 아무리 높은 상품일지라도 나에게 사용가치가 낮다면 거래가 성립되지 않습니다. 아무리 비싼 콘서트라도 내가 관심조차 없다면 그 티켓의 가치는 0원일 것입니다.

하지만 이 사용가치의 기준이 온전히 개인에게 있을까요. 한 커뮤니티에서 이십만 원짜리 아이돌 콘서트 티켓을 발견했습니다. 그 아래에 '이 공연은 정말 굉장하다' '백만 원을 내도 아깝지 않다' '한번쯤 볼 만한 가치가 있다' 같은 댓글을 봅니다. 공지사항을 보니 '폭발적인 인기에 감사드리며 가격을 내렸습니다. 지금 예매하면 십만 원!'이라는 안내문이 있습니다. 이러면 처음에는 공연에 관심조차 없었는데 '이렇게 인기 많은 공연을 반값에 갈 수 있다는데, 한번 가볼까? 이 기회를 얻다니 운이 좋아!'라고 생각하게 됩니다. 그리고 십만 원을 주고 그 티켓을 삽니다. 자신의 필요보다는 다른 사람들의 의견을 근거로 사용가치가 판단되는 것이죠. 이와 유사한 일들이 우리 일상 속에서 수없이 벌어집니다.

'비싸니까 (그것을) 가지고 싶다'라는 감정의 뒷면에는 '다른 사람이 원하니까 (그것을) 가지고 싶다'라는 감정이 숨어 있습니다. 즉 나에게 '소중하니까 산다'라는 사용가치

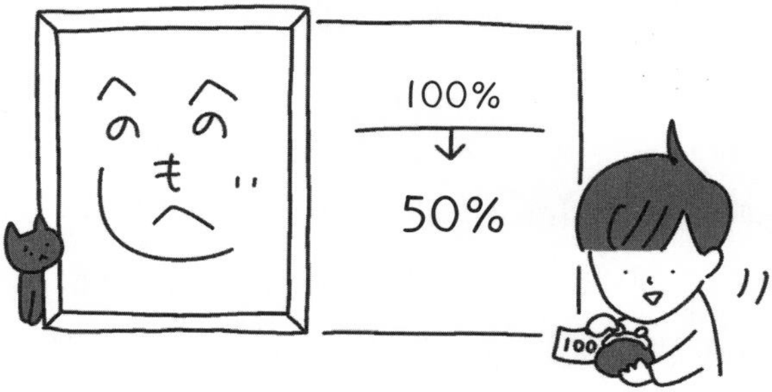
100%
50%
100

가 아니라, '남들도 원하는 것이니까 나도 원한다'라는 교환 가치가 지배하게 되는 것입니다.

경쟁 사회에서 '뒤처지지 않아야 한다' '나를 증명해야 한다'라는 욕망도 유사합니다. 이런 욕망도 결국 '타인에 의한 욕구'에 기인한 경우가 많습니다. 이렇게 해서 얻은 가치가 만족을 주기도 합니다. 하지만 자신이 원해서가 아니라, 남들이 원하기 때문에 갖게 된 가치일 뿐입니다. 그러니 만족도는 금방 떨어지고 갈증은 끝이 없습니다.

소비를 통해 '나를 잃어버리는 행위'는 또 다른 방식으로 번져갑니다. 타인에게서 영향을 받은 감정 소비는 다시 타인에게 감정으로 전달되면서 증폭됩니다. '멋졌다'라는 기쁨이든 '심했다'라는 분노든, 내 리뷰가 남들에게 영향을 미칩니다. 이를 확인하는 것은 꽤 기분이 좋습니다. 이 과정을 통해 우리는 나의 감정이 시장에 영향을 끼친다는 점을 즐깁니다.

그러나 바로 이것이 사회 전체에 감정의 동조압력 현상을 강화시킵니다. 이 메커니즘의 결론은 무엇일까요. 아마 감정의 동조압력을 이용해 누가 가장 돈을 많이 버느냐에 달려 있을 것입니다. '호구가 된다'라는 요즘 말의 실체가 바로 이런 것입니다.

5. 자신을 구원하려면

우리가 어떤 결정과 선택을 하든, 그것이 콘서트 티켓 하나를 사는 일에 불과하다 해도, 인간의 생각과 행동 아래에는 결국 '나는 무엇을 하는 사람이다'라는 자기 판단이 깔려 있습니다. 하지만 이와 같은 자기 판단을 분명하게 가지기가 쉽지는 않죠. 백 년이나 더 옛날에 살았던 소세키도 이와 비슷한 고민을 했습니다.

> 나는 이 세상에 태어난 이상 무언가를 해야만 한다고 생각하지만, 무엇을 해야 할지 짐작조차 되지 않습니다. 나는 그야말로 안개 속에 갇힌 고독한 인간처럼 그 자리에 선 채 꼼짝 못 하게 되었습니다. 그리고 어디선가 한 줄기 빛이 들어올지 모른다는 희망을 품기보다도 내 쪽에서 탐조등을 사용하여 단 한 줄기 빛이라도 좋으니 끝까지 명확하게 보고 싶어졌습니다. 그러나 불행히도 어느 방향을 바라보아도 흐릿합니다. 마치 자루 속에 갇혀서 빠져나올 수 없는 사람처럼 느낍니다. 나는 '내 손에 송곳이 단 한 자루만 있어도 어딘가 한곳을 찢어서 보여줄 텐데'라며 몹시 초조해했지만, 공교롭게도 그 송곳은 다른 사람에게 받을 수도, 스스로 찾아낼 수도 없어서, 그저 마음속으로만 '앞으로 나는 어떻게 될까?'라고 생각하

며 남몰래 우울한 날을 보냈습니다.•

나쓰메 소세키가 영문학을 배운 것은 일본의 근대화를 위해서였습니다. 국가의 기대를 짊어지고 대영제국이라 불리던 영국의 문화, 사회, 풍토를 익히기 위해 유학을 갔습니다. 그러나 그곳에서 소세키는 커다란 딜레마를 깨닫게 됩니다. 공부를 하면 할수록, 일본과 전혀 다른 영국이라는 나라의 '문학'을 성실하게 공부해서 일본을 바꾸기란 불가능하다는 것을 깨닫습니다.

"단지 선진 문명이라는 이유로 외국인이 무작정 배우려고 노력해보았자 표면적 이해에만 머무를 뿐이다. 심지어 역효과를 낳을지도 모른다." 이것이 소세키가 느낀 한계였습니다.

각 나라의 언어에는 그 나라의 사고방식이 녹아 있습니다. 소세키는 일본의 짧은 시 형식인 하이쿠를 매우 사랑했습니다. 하이쿠라는 시에 깔린 일본 고유의 사고가 자신의 뼛속까지 배어 있다는 것을 영문학을 공부할수록 깨닫습니다. 영국인의 정신을 담은 영문학의 본질에 일본어를 쓰고 일본인의 정신을 가진 자신이 어느 수준까지 도달할 수 있을까. 소세키가 느낀 문제였습니다.

결국 소세키는 신경쇠약에 걸릴 만큼 정신 상태가 피폐해집니다. 그리고 영문학을 무조건 더 좋은 것으로 여기며 수용하는 일을 거부하기로 마음먹으면서 어떤 생각에 도달합니다.

> 이때 나는 처음으로 '문학이란 어떤 것인가'라는 개념을 근본에서 내 힘으로 만들어내는 것 외에 나를 구원할 길이 없다는 사실을 깨달았습니다. 지금까지는 완전히 '타인본위(他人本位)'로 뿌리 없는 개구리밥처럼 그 근방을 아무렇게나 떠다니고 있었으므로 모두 소용이 없었다는 사실을 겨우 깨달은 것입니다. 내가 여기에서 말하는 타인본위란 말은 자기 술을 다른 사람에게 마시게 하고 나중에 그 품평을 듣고, 누가 뭐라 해도 그렇다고 받아들이는 이른바 남 따라 하기를 의미합니다.•

소세키가 말한 '나를 구원하는 일'이라는 말이 거창하게 여겨지나요? 그러나 우리 일상의 모든 일들은 매순간 '나에게 진정으로 도움이 된다'는 판단하에 행하는 것입니다. 아무리 사소한 일이라도 인생 전체를 염두에 두면서 판단하고 있다는 것이지요.

• 나쓰메 소세키, 『나의 개인주의』 중에서

자신을 구원하기 위해 소세키가 내린 가장 큰 결심은 '남 따라 하기'를 그만둔 것입니다. 남을 따라 해서는 안 된다는 말을 쉽게 하지만 정말 쉽게 할 수 있는 일일까요. 우리는 성공하고 싶어 합니다. 주변에 성공한 사람을 따라 합니다. 우리는 다른 사람으로부터 존중받는 삶을 살기를 원합니다. 다른 사람의 안색을 살피고, 자신의 진짜 감정과 생각을 마음속 어딘가에 숨깁니다. 친구의 생각에 맞장구를 치고, 친구의 취향을 같이 나누는 것도 일종의 '따라 하기'입니다. 여기에는 친구에게 미움받지 않으려는 마음이 숨어 있습니다.

인간이 남을 따라 하는 것은 성장 과정이기도 합니다. 아이는 부모의 말과 행동을 따라 합니다. 동생은 자신도 모르게 언니와 형을 따라 합니다. 인간의 학습은 1차적으로 모방입니다. 때문에 모방하는 습관은 의식하지 못하는 사이에 우리 몸에 배어 있습니다. 모방은 창조의 시작이기도 하지만, 자동적으로 창조적이고 주체적인 사람이 되는 것은 아닙니다.

누가 시켜서라기보다 자발적으로 남을 따라 하는 경우도 많습니다. 남을 따라 하는 일이 더 편하기 때문입니다. 갈등을 피할 수 있고, 무엇보다 생각하지 않아도 됩니다. 자기 생각을 만들어가는 일은 꽤 많은 에너지를 필요로 합니다. 물론 나의 에너지를 아낀다는 점에서 남을 따라 하는 게 필요할 때도 있습니다.

문제는 남을 따라 하는 일이 습관이 될 때 발생합니다. 사소한 일도 주변의 누군가를 참고하면서 결정하게 되면, 만약 주변에 참고할 만한 타인이 없을 경우 아무 일도 못 하는 상태가 됩니다.

한 분야의 전문가가 되면 자기만의 생각이 잘 만들어질까요? 같은 분야의 전문가들이 모여 어떤 사안에 대한 찬반을 말하는 상황에 놓였다고 가정해봅시다. 여러 참석자들이 돌아가면서 이야기를 합니다. 첫 번째 발언자부터 계속 찬성을 말하는 상황에서 내 차례가 왔을 때, 여러분은 강하게 반대라고 말할 수 있습니까? 이미 다수의 전문가들이 찬성하는 분위기가 만들어진 상태라면 나 또한 애매하게 입장을 돌려 말하게 됩니다.

나의 의견이 분명하다 하더라도 그 의견을 타인에게 말하는 것에는 용기가 필요합니다. 내가 반대를 이야기한 것이 틀릴 수도 있다는 불안도 올라옵니다. 잘못해서 전체 분위기를 망칠지도 모릅니다. 그렇게 눈치를 살펴서 그 순간

좋다!
완전 좋아!
좋을 것
같아!

을 넘어간다고 해도, 마음은 계속 불편합니다.

왜냐하면 내가 제대로 인정받았다는 느낌이 들지 않기 때문입니다. 사람은 누구나 타인에게 인정받고 싶어 합니다. 이 인정 욕구는 능동적인 행동을 통해 채워질 때 충분함을 느낍니다. 남들과 비슷하게 행동하여 칭찬받는다고 해도 그것이 '나답지 않은 일'이라는 것을 본인도 잘 압니다. 때문에 남들과 비슷하게 행동하는 게 편할 수는 있지만, 그 편안함은 공허함이 되고 인정 욕구가 제대로 채워지지 않습니다.

6. 소세키의 '안개'는 어떻게 사라졌을까

그렇다면 소세키는 어떻게 '나다운 일'을 만들어갔을까요. 그는 자기 생각을 끄집어내는 일에 집중합니다. "자신의 힘으로 창조해낼 수만 있다면 이보다 더 강한 것은 없다"며 자신을 믿기로 합니다. 그럼으로써 스스로를 짓누르던 불안에서 벗어납니다. 소세키가 그 불안으로부터 벗어났을 때 얼마나 후련해했을까요.

이때 내 불안은 완전히 사라졌습니다. 나는 경쾌한 마음으로 음

울한 런던을 바라보았습니다. 비유하자면 나는 오랜 시간 고뇌한 끝에 드디어 내 곡괭이를 광맥에 댄 듯한 기분입니다. 또 반복해서 말하면 여태까지 안개 속에 갇혀 있었는데, 어느 각도의 방향에서 내가 나아가야 할 길을 분명히 알게 된 셈입니다.*

커다란 환희가 느껴지는 문장입니다. 소세키가 유학했던 영국의 런던은 안개가 짙기로 유명합니다. 자신에 대한 믿음을 찾은 순간, 소세키는 런던의 희뿌연 거리에서 시야가 탁 트이고, 어제까지의 풍경이 전혀 다르게 보일 만큼 상쾌한 기분을 맛봅니다.

소세키는 이 기분을 곡괭이를 광맥에 대는 것에 비유합니다. '자기 감각에 솔직해져야 한다'라고 확신한 소세키는 아무리 서구권에서 훌륭하다 칭송받는 작품이라도 자신이 진심으로 감명을 받지 않은 이상 쉽게 동조하지 않겠다는 '자기만의 철학'을 얻습니다.

소세키는 머리로만 세상을 아는 척하는 일을 경계했습니다. 『도련님』 등의 작품에서 상징적으로 표현되고 있듯이 그는 세상의 잣대를 따라가는 '약삭빠른 수재'가 살아가는 방식을 혐오했습니다. 소세키는 대단한 지식인이 되기보다는 한 사람의 개인으로서 자신의 감수성에 솔직하게 살아가기를 선택합니다. 도리어 이 같은 선택은 나쓰메 소세키만의 독창적인 문학을 만들어내는 토대가 됩니다.

그는 자신의 이와 같은 신조를 『나의 개인주의』라는 책에 담았습니다. 『나의 개인주의』라는 제목은 때로 오해를 사지만, 소세키가 말하는 '개인주의'는 자기만의 의견을 고집하는 독선이나 편협함이 아닙니다. 존중하고 존중받기 위한 태도입니다. 그 역시 오해를 줄이기 위해 여러 번 당부하고 있습니다.

> 이 개인주의라는 말의 뜻을 오해해서는 안 됩니다. 특히 여러분처럼 젊은이들에게 오해를 불어넣으면 내 면목이 서지를 않으니, 이 부분은 유념해주기를 바랍니다. (중략) 개인의 자유는 조금 전에 말한 개성의 발전에 지극히 필요하고, 그 개성의 발전이 또 여러분의 행복과 크게 관련되어 있으니, 아무래도 다른 영향이 없는 한 나는 왼쪽을 향하고 당신은 오른쪽을 향해도 무방할 정도의 자유는 스스로 파악하고 타인에게도 부여해야 한다고 생각합니다. 이것이 바로 내가 말하는 개인주의입니다. (중략) 다른 존재를 존경하는 동시에 자신의 존재를 존경한다는 것이 내 해석이니까요.•

• 나쓰메 소세키, 『나의 개인주의』 중에서

『나의 개인주의』에서 소세키는 '개성의 발전'이라는 개념을 말합니다. 개성이란 타고나거나 정해진 게 아니라 발전시켜가는 것이라고 주장합니다. 또한 개성을 발전시키는 일은 자신만이 아니라 타인에게도 허용해야 한다고 덧붙입니다.

인간은 자신이 느끼고 생각한 바를 자기 방식대로 자유롭게 표현했다고 여길 때 엄청난 행복을 느낍니다. 우리가 영화를 보고 책을 읽고 난 다음에 진정으로 행복해하는 순간은, 그 감상을 나만의 생각으로 표현할 때입니다. 그 경험을 통해 우리는 스스로를 뿌듯하게 여기고, 무엇보다 자유롭다고 느낍니다.

그와 같은 자유로움을 자주 느끼게 되면 내 곁에 있는 가족, 친구, 지인은 물론 동시대를 살아가는 모든 이들을 이해할 것 같은 느낌을 얻습니다. 자기 개성을 가꿔나갈 자유를 느끼면 타인의 자유에 대한 이해도 높아지는 것입니다. 이를 위해 소세키는 순서를 바꾸어 타인의 자유를 이해하는 것을 먼저 실천해보라고 제안합니다. 타인의 생각, 타인의 '개인주의'를 존중함으로써, 나의 '개인주의'도 주장할 수 있는 자유를 얻으라는 것입니다.

"개인주의란 다른 존재를 존경하는 동시에
자신의 존재를 존경하는 것."

나쓰메 소세키

『나의 개인주의』라는 책은 소세키가 당시 대학생들에게 했던 강의를 엮은 것입니다. 그는 새로운 시대를 살아갈 청춘들이 자신과 같은 방황을 겪지 않기를 바랐습니다. 대학생들에게 '타인의 인생'을 살아가서는 안 된다며, 자신이 겨우 손에 넣은 '개인주의'에 대해 거듭 강조합니다. 소세키는 이를 "자기본위(自己本位)"라는 말로 표현합니다. 자기본위는 '나를 중심에 두라'는 것입니다.

어떤 상황에 놓이든 '나는 나를 중심에 두고 느끼고 행동할 수 있다'라는 확신이 있습니까. 아무리 기술이 발전한 시대여도 우리는 코로나 펜데믹처럼 예측이 전혀 불가능한 일들을 겪게 됩니다. 그 속에서 각 개인은 더없이 유연해야 하고, 변화에 적응해야 합니다. 남을 따라 해서는 그 변화에 적응할 수 없습니다.

내가 오늘 결정한 일을 내일 바꾸더라도, 그것이 '나를 중심으로 하는 변화'라면 힘들지 않습니다. 나쓰메 소세키의 개인주의는 '사느냐 사느냐'의 경쟁 속에서 자기중심을 잡고 살아가기 위해, 나뿐만이 아니라 타인에게도 개성의 자유를 주는 법을 알려줍니다.

2장

자신을 남에게 설명하기 어렵다면

_산책하는 철학자들

1. 자기소개는 왜 어려울까

여러분은 자기소개를 잘합니까. 학창 시절 새 학년이 되어 하던 자기소개는 어른이 되어서도 계속됩니다. 여행지에서 낯선 사람을 만날 때, 일로 다른 사람을 만날 때마다 우리는 '자기소개'라는 것을 합니다. 그런데 스스로 자기소개를 잘한다고 여기는 사람들이 몇이나 있을까요? 자신을 멋지게 설명하는 것처럼 보이는 사람들도 속으로는 제대로 소개하지 못했다며 불만족스러워할지도 모릅니다.

'나'를 설명하는 일은 쉽지 않습니다. 때와 장소, 마주하는 사람에 잘 맞추어 설명해야 하고, 무엇보다 스스로가 만족할 수 있는 설명을 찾아야 합니다. 내가 설명하는 '나 자신'이 만족스러워야 합니다.

자기소개가 어려운 이유는 '자신'을 말로 표현하는 일에는 언제나 어떤 창작, 즉 스토리를 만드는 작업이 따르기 때문입니다. 자기소개 때 말하는 '나'는 어딘가 창조된 자신입니다. 다른 사람의 시선과 생각을 고려한 '일종의 상(像)'입니다. 특히 미움받고 싶지 않다, 환영받고 싶다는 마음이 있다면 이와 같은 창작을 피하기 어렵습니다.

자기소개를 어떻게 하느냐를 살펴보면 그 사람이 인간관계에서 중요하게 여기는 요소가 무엇인지를 눈치챌 수 있습니다. 자신의 능력을 과장하는 사람도 있고, 도리어 축소시켜 말하는 이들도 있습니다. 그에 따라 타인과 관계를 맺을 때 어떤 점을 중요하게 여기고, 어떤 점을 어려워하는지를 알아볼 수 있습니다. 무엇보다 다른 사람이 나를 어떻게 봐주길 원하는지 알 수 있습니다. 자기소개 속의 '나'는 '남에게 보여주고 싶은 나'입니다.

인간관계에서 중요한 갈등은 '남들'이 보는 '나의 모습' 때문에 벌어집니다. 우리가 흔히 겪는 사례를 하나 들어볼까요. 어느 날 한 선배가 나를 부릅니다. 그리고 이렇게 이야기합니다. '너, 건방지다는 말이 들리던데.' 그런 말을 들으면 여러분은 어떻게 반응할 건가요. 아마 대부분의 사람들이 당황할 것입니다. 그리고 이렇게 물어보게 되겠지요. '누가요?' 그렇게 물었을 때 많이 듣는 대답 중 하나가 바로 다음과 같습니다. '다들 그러더라.'

'다들 그러더라.' 이 말에서 가장 신경 쓰이는 단어는 바로 '다들'입니다. 그런데 '다들'은 도대체 누굴 말하는 걸까요. 나를 어쩌면 평소에 싫어하던 선배가 자신의 생각을 강하게 표현하려고 그렇게 말한 것일 수도 있습니다. 그 선배는 나를 '건방지다'라고 생각했을지 모르지만, 다른 사람은 '좀 무뚝뚝하구나'라고 여길 수도 있습니다. 하지만 이렇게 생각하려 해도 마음속에 한번 생긴 의심은 쉽게 사라지지 않습니다. '다들'이라는 말이 계속 신경을 건드립니다.

'다들'이라는 말은 실체가 없습니다. 그건 허상입니다. 사람마다 느끼는 바가 다른 게 당연합니다. 설령 여러 사람이 '저 사람은 건방지다'라고 느낀다고 해도, 그 건방짐이 어떤 것인지에 대해서는 각자 생각하는 바가 다릅니다. 그러나 이 허상의 '다들'이라는 말에 우리는 쉽게 휘둘립니다. '다들 그렇게 생각한다는데, 어떻게 하지? 내가 뭘 잘못했을까'라며 고민합니다.

그런데 '다들'이라는 말을 받아들이면 실제로 나에게 어떤 문제점이 있더라도 그 문제를 해결할 방법을 찾기가 어렵습니다. 나를 객관적으로 바라보는 게 아니라 그 '다들'이 누구인지를 생각하는 데에 몰두하게 됩니다. 남들에게 내 모습이 어떻게 보일까 더 신경 쓰게 됩니다. 실재하지도 않는 '다들'이라는 허상과 실체도 정확하지 않은 '남이 보는 나' 사이에서 생각이 갇히게 됩니다.

인간에게는 모두 '내가 보는 나'가 있습니다. 스스로 나는 어떤 사람이라고 생각하는 상이 있습니다. 하지만 다른 사람은 대개 그 모습대로 나를 봐주지 않습니다. 내가 보는 나의 모습과 타인이 보는 나의 모습. 이 두 가지가 일치하기란 무척 어렵습니다. 대개 두 모습에는 차이가 나고, 이 차이 때문에 우리는 상처를 받습니다. 인간관계란 이 두 개의 나 사이를 잘 조절하는 일이라 할 수 있습니다. 번거롭고 힘든 일이기도 하지만 어른이 되어가고, 인간관계가 많아질수록 이 문제를 피하기 어렵습니다.

'다들 그래'라는 허상
실체도 정확하지 않은 '남이 보는 나'

이런 사람인 줄 몰랐다, 사람을 잘못 봤다…. 이런 말을 들어본 적이 있나요. 가장 친했던 친구가, 믿었던 사람조차 이런 말을 할 때가 있습니다. 무척 억울합니다. 하지만 인간관계는 결국 이 '차이' 때문에 가능하기도 합니다. 뻔하게 다 알 것 같은 사람과 우리는 관계를 맺지 않습니다. 함께 대화하고 행동하는 건 상대의 진짜 모습을 발견하고 싶다는 욕망, 나를 제대로 보여주고 싶다는 욕망으로 인해 가능하기도 합니다.

질문을 바꿔봅시다. 나는 상대의 '나'를 제대로 봐주는 사람일까요. 상대방에게서 '이건 내가 생각했던 것과 다른 모습이네'라는 걸 발견할 때가 있습니다. 그게 긍정적인 모습이면 좋겠지만, 보통은 실망하고 놀라는 경우가 더 많습니다. 괜찮습니다. 어차피 우리는 서로의 모습을 잘 알 수 없으니까요. 다만 그 다름을 내가 어떻게 받아들이느냐가 중요합니다. 관계란 그 이해의 과정을 통해 깊어지는 것입니다.

개인과 개인만이 아니라 개인과 조직, 조직과 조직의 관계도 그렇습니다. 상대에게 내가 생각했던 것과 다른 면이 있음을 발견하고 이해할 때 또는 내가 생각하는 나의 모습을 상대에게 이해시키려고 애쓸 때, 우리는 괴롭기도 하지만 즐겁기도 합니다. 이는 인간관계가 가지고 있는 양면이라 할 수 있습니다.

그러니 '스스로 생각하는 나'와 '주변 사람이 생각하는 나'의 차이 때문에 너무 괴로워하지 마십시오. 오히려 그 차이를 느끼지 못한다면 더 문제일 수 있습니다. 인간이 살아 있다는 건 이런 차이를 느끼고 음미하는 일이기도 합니다.

2. '변하지 않는 나'와 '끝없이 변화하는 나'

내가 생각하는 나와 남이 생각하는 나가 다른 건, 사실은 '내'가 끊임없이 변화하기 때문입니다. 이 변화의 핵심은 바로 '사회적 위치'입니다.

우리는 태어나서 죽을 때까지 수많은 '사회'를 만납니다. 이사를 다니고, 학교를 옮기고, 새로운 친구가 생기고, 직장이 바뀝니다. 한 사회 속에서의 내가 어떤 위치에 있느냐에 따라 '내 모습'은 변화합니다. 사회 또한 계속 바뀝니다. 나는 가만히 있어도 구성원들이 바뀝니다.

우리는 어떤 사회를 선택할 때, 그 안에서의 내 위치가 어떨 것인지를 최대한 확인하고 선택합니다. 때문에 그 사회로부터 인정받고 싶은 마음도 생기는 것입니다. 내 선택이 옳았기를 바라기 때문입니다. 그러나 잘 알아보고 선택한 사회라고 해도, 처음에는 환영을 받는다고 해도 상황은 바뀌기 마련입니다.

나를 지지해주던 좋은 상사가 회사를 떠나고 이상한 사람이 뒤를 이어 상사가 되면, 한순간에 천국에서 지옥이 되기도 합니다. 타인의 변화가 나에게 영향을 크게 미친다는 사실 자체에 화가 납니다. 내가 통제할 수 없는 요소이기 때문입니다. 그러나 생각해보면 나 또한 항상 변화하고 있습니다. 그럼에도 왜 우리는 자신을 '똑같은 나'로 느낄까요.

스스로 변화가 많은 사람이라고 생각하나요? 아니면 너무 변화가 없어 답답하고 바보처럼 느껴지나요? 어느 경우든 분명히 나는 매일 변하고 있습니다. 그 변화의 정도가 급작스럽지 않아서 느끼지 못할 뿐이고, 변화하면서도 어떤 상태의 평형을 유지하기 때문입니다.

화학에 '동적평형'이란 개념이 있습니다. 바다가 끝없이 움직이고 있지만 겉으로 볼 때는 잔잔해 보이는 것과 비슷합니다. 매일 똑같은 아침에 잠에서 깨 여느 때처럼 활동한다고 생각하지만, 우리의 몸은 계속해서 변화하고 있습니다. 매일매일의 경험에 따라 가치관도 변합니다. 그러나 어떤

인격은 변화하지 않는 성질이 아니라
변화에도 불구하고 유지되는 어떤 성질이다.

상태의 값을 유지하기 때문에 같은 나라고 느끼는 것입니다. 우리가 '인격'이라고 하는 건 변하지 않는 성질이 아니라, 내가 유지하고자 하는 어떤 상태를 가리키는 말입니다.

3. 데이터의 시대에 내 머리로 생각하기

결국 '나답게' 산다는 건 스스로 나의 상태를 조절할 수 있다는 느낌을 갖는 것입니다. 사회가 변하고 타인이 나에게 어떤 충격을 주더라도 '내가 원하는 어떤 상태'를 유지할 수 있다는 자신감이 있으면 됩니다.

그 방법이 무엇일까요? 바로 '스스로 생각하기'입니다. 이런 의문이 듭니다. '스스로 생각하지 않는 사람도 있나?' 그런데 생각한다는 건 무엇인지 알고 있나요. '생각한다'는 말 하나에는 실로 다양한 의미가 포함되어 있습니다. 상대를 느닷없이 당황시키고 싶나요? 그러면 '생각해보세요'라고 말해보십시오. 상대가 깜짝 놀랄 것입니다. 여러분도 누군가에 뜬금없이 '생각하세요'라는 말을 듣는다면 꽤 난처할 것입니다.

많은 사람이 '생각'을 곧 '논리력'이라고 여깁니다. 논리력은 현상을 조리 있게 설명하는 능력, 즉 일종의 인과관계를 찾아내는 능력입니다. 논리력은 어떤 사건이 발생했을 때 그 일이 일어난 원인과 그 원인에서 비롯된 결말, 그 관계성을 파헤침으로써 기를 수 있습니다. 그러나 스스로 생각한다는 건 논리적 사고와 약간 다릅니다.

스스로 생각하고 있다고 느껴질 때 어떤 기분이 드나요. 마음속 깊은 곳에서 무언가 감정이 올라옵니다. 고양감이 느껴지고, 자신감이 올라옵니다. 눈앞에 어떤 이미지가 생생하게 그려집니다. 이런 것들이 스스로 생각할 때 벌어지는 일입니다.

스스로 생각하기는 직관적이고 감정적인 요소가 강합니다. 사실 논리적 사고도 그 아래에는 원동력이 되는 감정적 요소를 갖고 있습니다. 위대한 과학적 발견의 순간들을 들어보면 지속적이고 논리적인 추론 과정이라기보다는, 연구자가 자신의 내면에서 어떤 감정들을 발견하면서 새로운 가설로 성큼 들어가는 경우가 많습니다. 이처럼 내 머리로 생각하는 능력은 어떤 감각입니다. 그런데 그런 감각을 무디게 하는 것들이 있습니다.

이제는 보편화된 '스마트 워치'를 예로 들어보겠습니다. 시계처럼 손목에 차고 있으면 스마트폰으로 들어오는 문자, 전화도 다 확인할 수 있고, 무엇보다 자신의 신체와 관련된 정보를 알 수 있습니다. 스마트 워치는 맥박 수, 체온, 걸음 수 같은 내 몸의 상태를 수치화합니다. 내 신체를 정확하게 관리하는 데에 도움을 주죠.

그런데 어느 날 이런 경험을 합니다. 분명히 충분히 잘 잤다고 생각했는데 스마트 워치에 '얕은 잠'이라고 표시되어 있습니다. 혼란스럽습니다. 개운한 내 머릿속과 스마트 워치의 데이터 중 무엇이 맞는 것일까요.

오늘날에는 인간의 감각보다 기계가 보여주는 데이터에 판단을 기대는 경우가 많아졌습니다. 물론 기계와 데이터를 잘 활용하는 건 중요합니다. 데이터를 잘 활용하면 직관을 더 예리하게 만들어갈 수도 있습니다. 그러나 현대 사회로 올수록 데이터 자체에 수동적으로 의존하며 다르게 생각해보지 않는 경우가 점점 증가하고 있습니다.

대표적인 예가 바로 여론조사입니다. 여론조사는 기본적으로 '사후적 데이터'입니다. A라는 문제에 대해 '부정적 의견'이 많다고, 앞으로도 사람들이 계속 부정적으로 생각할까요? 무엇보다 그 여론조사 자체를 믿을 수 있나요? 눈앞에 보이는 숫자를 보고도 '뭔가 이상하다'는 것을 감지할 수 있는 능력이 더욱 필요한 시대입니다.

스스로 생각하는 힘을 키우려면 데이터에 무조건 의존하지 않는 것은 물론, 언어 능력을 함께 키워야 합니다. 생각은 말과 글을 통해 진화합니다. 막연하게 느끼는 것을 언어로 표현하고, 더 정확한 표현을 찾으려고 노력하는 것 자체가 스스로 생각하는 일입니다. 기계가 보여주는 데이터에 만족하고 검색해서 나오는 정보를 그대로 가져다 쓰면, 나만의 언어를 찾아내는 능력이 줄어들게 됩니다.

기술이나 수치에 대한 무비판적 의존이 과해지면 인간이 가진 여러 능력이 퇴화합니다. 그런 경향이 과해지면, 정성적 해결의 중요성을 낮춰 보는 사회로 변하게 됩니다. 예를 들어 차별 없는 사회를 만들기 위해 차별의 종류를 법으로 규정하고 법적 형량을 강화하는 해결책이 그것입니다.

함께 사는 사회에서 차별을 사라지게 만드는 일은 매우 중요합니다. 하지만 차별 없는 사회를 만들고자 할 때 수치화할 수 있는 조치가 필요하니 벌금을 매기고, 형을 높이는 규정을 마련하는 데에 집중하면 어떻게 될까요. 기묘한 역전 현상이 일어나기도 합니다. 차별을 함께 해결해야 하는 일로 여기는 게 아니라, 피해야 하는 일로 여기게 된다는 것입니다. 벌금을 내기 싫어서 차별하지 않는 척하거나, 아예 문제가 될 소지가 있는 사안이나 사람과 거리를 두는 것이지요.

공감하고 소통하는 방식의 정성적 해결과 형량을 높이는 방식의 정량적 해결은 목적하는 바가 완전히 다릅니다. 당장은 후자의 방식이 효과가 있겠지만 긴 안목에서 보면 부작용이 더 많습니다. 이와 같은 정량적 해결 방식이 증가하는 이유에는 여러 가지가 있습니다. 그중에서도 인간의 변화 가능성을 신뢰하지 않는 풍토가 강해지고 있다는 것이 큰 원인으로 꼽힙니다. 대신 법에 의존합니다. 하지만 법이라는 것도 결국 특정한 사람들이 만들어낸 것입니다. 법에 의존하는 것은 '타인의 판단'에 자신의 변화 여부를 맡기는 일이 될 수도 있습니다.

4. 철학자들은 왜 걷기를 선택했을까

스스로 생각하는 능력을 키우기 위한 단순하지만 강력한 방법이 있습니다. 바로 걸으면서 생각하는 것입니다. 인류

역사의 위대한 철학자들 대부분이 산책을 찬양합니다. 프랑스의 현대 철학자 로제 폴 드루아는 걷기는 인간만이 가진 고유한 특징이며, 인간이 만물의 영장이 될 수 있었던 이유는 바로 걷기를 통한 사색의 힘에 있었다고 말합니다.

고대와 중세는 물론 현대의 철학자들도 걷기를 예찬했습니다. 그리스의 철학자 디오게네스는 “걸으면 해결된다”라는 말을 남겼습니다. 키르케고르는 “걸을 때 가장 좋은 생각이 떠오른다”며 늘 꾸준히 걸었다고 합니다. 다리로 성찰했다고 하는 몽테뉴는 서재에서 백 보를 왔다 갔다 하며 『수상록』을 완성했습니다. 비트겐슈타인은 케임브리지대학 교수 시절 학생들과 함께 캠퍼스를 거닐면서 토론한 것으로 유명합니다.

걷기가 사고를 키우는 데에 좋은 이유는 인간의 사고가 신체적 자극에 영향을 받기 때문입니다. 가만히 한군데 앉아서 생각하는 것과 걸으면서 생각하는 것에는 큰 차이가 있습니다. 컴퓨터 모니터 앞에 앉아서 없는 말과 생각을 만들어내려 억지로 애쓰기보다, 걸으면서 생각하면 우리의 뇌가 더욱 활성화됩니다. 푸른 하늘, 뺨에 스치는 바람, 거리를 걷는 사람들이 나누는 대화, 걸으면서 달라지는 주변의 풍경 등 온몸으로 받는 자극 때문입니다.

이 다양한 자극은 사람의 감수성을 키웁니다. 현대 디지털 사회에서는 생각한다는 행위를 마치 컴퓨터의 정보 처리 같은 일로 여기지만, 앞에서도 말했듯이 생각은 감정적 요소와 큰 관련이 있습니다. 또한 감수성은 인간만이 가진 고유한 자질입니다. 현대 인공지능 연구의 최전선도 바로 이 감수성을 어떻게 기계가 학습하게 할 것인가와 관련이 있습니다. 인공지능의 논리적 판단이라는 것도 크게 보면 인간 개개인이 가진 다양한 감수성 중에서 '공통집합'에 해당하는 것을 표준화한 것에 가깝습니다.

인공지능이 인간보다 훨씬 뛰어난 결과물을 만들어낼 수도 있지만, 인공지능이 결국 인간이 사용하는 '도구'일 수밖에 없는 이유는 무엇일까요. 각 개인이 가진 개별 감수성이야말로 인간이 가진 위대한 능력이기 때문입니다. 이 감수성과 사고를 결합하게 만드는 데에 가장 좋은 활동이 바로 걸으며 생각하기입니다.

걸으며 생각하기의 핵심은 목적 없이 걷는 것입니다. 학교도 직장도 걸어 다니지만, 그런 이동 시간에는 많은 생각을 하지 않습니다. '빨리 가야 한다'는 생각 외에는 없죠. 시간의 제한이 분명하고 또렷한 목적이 있습니다. 이는 '걷기'라기보다는 '이동'입니다.

목적 없는 걷기를 통해 우리가 얻게 되는 가장 좋은 점은 특정한 일에만 묶여 있는 사고를 자유롭게 풀어준다는 것입니다. 오늘날 많은 사람들이 '과잉 적응' 현상을 겪고 있습니다. 과잉 적응은 말 그대로 과도하게 상황에 적응하는 현상입니다.

생존 경쟁이 치열해지면서 전체 상황을 보지 못하고 특정한 일에 필요 이상으로 애를 쓰는 경우가 많아졌습니다. 이렇게 되면 자신이 어떤 상황에 놓여 있는지 총체적으로 이해하고, 상황과 자신을 분리시켜 생각할 수 있는 능력이 줄어듭니다. 과잉 적응은 원래의 목적도 잊어버리게 합니다. '왜 내가 이렇게까지 몰입하고 있는 거지?'라는 상황에 처하게 됩니다. 목적 없이 즐기는 산책은 그런 과잉 몰입으로부터 우리를 구해주기도 합니다.

「토끼와 거북이」라는 우화를 모르는 사람이 없을 겁니다. 재빠른 토끼가 게으름을 피우는 사이에 느릿느릿한 거북이가 꾸준히 걸어 결국 경주에서 이겼습니다. 흔히 이 우화를 두고 꾸준한 노력의 중요성을 알려주는 이야기라 말하지만, 이렇게 해석해볼 수도 있습니다.

거북이는 자기만의 속도로 계속 걸었을 뿐입니다. 경주에 참가했다는 사실도 잊어버렸습니다. 그랬기에 자신이 뒤처졌거나 말았거나, 이미 토끼가 우승을 했을 수도 있는데도 상관없이 계속 걸을 수 있었습니다.

토끼는 어땠을까요. 토끼는 사실 달리기를 좋아했던 게 아닙니다. 자신이 좋아하는 달리기를 즐겼다면, 거북이가 한참 뒤처졌다고 해서 과연 잠을 잤을까요? 토끼는 달리기가 아니라 거북이에게 관심이 있었던 것입니다. 거북이의 승리는 토끼를 의식하지 않은 데에서 온 것이고, 토끼의 패배는 거북이를 의식한 데에서 온 것이라고 해석할 수도 있습니다.

남과 상관없이 '걷기를 즐기는 거북이'는 행복한 개인주의자의 상징이기도 합니다. 누군가가 자신을 경쟁자로 여기든 말든 속도를 유지하며 앞으로 나아갔고, 자신의 발로 걷는 행위 자체를 즐겼기에 끝까지 걸을 수 있었을 겁니다.

우리는 수많은 경쟁을 해야 합니다. 그리고 대부분의 경우 경쟁자들을 모두 제칠 수 없습니다. 토끼보다 거북이에 가까운 사람들이 더 많습니다. 애초에 토끼가 아닌 거북이가 토끼처럼 달릴 수는 없는 법이고, 그렇게 달릴 필요도 없습니다. 그러니 '토끼'가 되려고 할 필요가 없습니다. 그보다는 '걷기를 즐기는 사람'이 되는 게 오늘날에 더 필요합니다.

5. 부끄러움을 느낄 때 발견되는 자아

이제까지 스스로 생각하기에 대한 이야기를 나눴습니다. 스스로 생각하기란 감정을 발견하는 일에 가깝다는 말을 했습니다. 우리가 느끼는 여러 감정 중에서 '나다운 나'를 발견하는 데에 도움이 되는 감정이 있습니다. 바로 '부끄럽다'는 감정입니다.

뭔가 창피하다, 자랑할 일은 아닌 것 같다…. 이런 기분을 느낀 적이 있을 겁니다. 성공이냐 실패냐를 떠나, 좋은 일이냐 나쁜 일이냐를 떠나, 어쩐지 백 퍼센트 마음에 와닿지 않을 때가 있습니다. 마음이 불편합니다. 부끄럽습니다. 이는 어떤 감각이 눈을 떴을 때 생겨나는 일입니다. '진짜 나'라는 존재를 만나는 출발점입니다. 부끄럽다는 감정만큼 나다움과 관련된 감정도 없습니다.

부끄럽다는 감정은 잘 다루어야 합니다. 많은 심리학자들이 이 감정을 긍정적으로 설명하지 않는 이유가 있습니다. 수치심은 기본적으로 '나에게 뭔가 문제가 있다'라고 생각하는 데에서 발생하는 감정이기 때문입니다. 잘못된 행동이 발각될 때 느껴지기 때문입니다. 집단이 개인에게 수치심을 이용하여 어떤 규범을 강요하는 경우도 있습니다.

그러나 '건강한 수치심'은 나의 약점을 스스로 발견하게 만들어, 이를 극복하게 하는 출발점이 되기도 합니다.

부끄러움만큼 '나다움'을 발견하게 하는 감정이 또 하나 있습니다. 바로 다른 사람에게 응석을 부리고 싶은 감정입니다. 응석은 절대 나쁜 행동이 아니라 아이처럼 솔직해지고 싶다는 욕망의 표현입니다.

나는 응석을 부리고 싶지만 다른 사람의 응석에는 엄격한 경우가 있습니다. 타인의 응석에 엄격하다면, 그만큼 자기 안에 응석 부리고 싶은 욕망이 해소되지 못했기 때문입니다. 이와 같은 감정의 원형은 어린 시절 형제간의 싸움에서도 볼 수 있습니다. 형제간의 다툼은 부모에게 응석 부리고 싶은 마음을 두고 티격태격하는 것입니다.

응석을 부린다는 건 내가 원하는 게 있고, 그 마음을 솔직하게 드러낸다는 것입니다. 어린아이의 경우에는 응석으로 나타나겠지만, 성인들에게도 자기 욕망을 잘 드러내는 것은 중요합니다. '이건 싫다, 이건 좋다' '이렇게 해줬으면 좋겠다' 등을 자기답게 잘 표현하는 것이 '나다운 나'를 찾는 길입니다. 타인에게 감정을 그대로 쏟아내는 것이 아닙니다. '내가 생각하는 나'와 '남이 생각하는 나'의 차이를 좁히는 방법입니다. 나를 타인에게 잘 소개하는 일입니다.

자기의 모습을 잘 보여줄 수 있고, 그대로 드러내도 된다는 용기를 가지십시오. 그러기 위해 부끄럽다는 감정도, 응석을 부리고 싶다는 감정도 들여다보십시오. 뭔가 '나답지' 않았다는 느낌을 해소해가는 과정. 그것이 스스로 생각하는 일입니다.

스스로 생각하지 않으면 '남이 보는 나'에 종속됩니다. 불안을 느끼면 남의 시선에 더욱 사로잡히게 됩니다. 그 불안을 빨리 해소하고 싶기 때문에 남의 판단에 기대는 겁니다. 스스로 판단하는 건 시간이 걸립니다. 자신이 느낀 불안으로부터 빨리 도망치고 싶은 마음에 '남의 시선'에 사로잡혀서는 안 됩니다.

'남이 보는 나'에 스스로 중독되는 경우도 있습니다. 현대 사회의 온라인 세계가 만들어놓은 부작용입니다. 오늘날 우리는 '실체 없는 남' '실체 없는 나'를 많이 만납니다. 모바일 메신저, 유튜브, 인스타그램 등을 통해 한 번도 직접 보지 못한 사람들을 매일 만나는 사람처럼 느낍니다. 나와 관련된 정보를 손쉽게 남들에게 전합니다.

현실에서는 내 생각과 감정을 드러내는 게 쉽지 않지만

가상의 공간에서는 손쉽습니다. 여기에 더해 현실에서는 꽤 노력해야 얻을 수 있는 '주목받는다'는 느낌 또한 금방 가질 수 있습니다. 이 때문에 '남이 좋아할 나'를 만들어내는 일에 몰두하게 됩니다. 빛이 있으면 그림자도 있는 법이어서 '남이 싫어하는 나'도 만들어집니다. 자신이 자신에게 해를 끼치는 현상도 생깁니다.

온라인에서의 인간관계는 맥락이 약한 관계입니다. '남'이라는 존재가 광범위하고, 어떤 관계가 만들어질지 예측하기 어렵습니다. 이런 사회이기에 나와 타인을 '개인'으로서 존중하고 존중받는 태도가 필요합니다.

온라인에서 한 명이 하는 행태를 보고 그 사람이 속한 곳의 모두가 그럴 거라고 판단해서는 안 됩니다. 그러기 위해서는 온라인에서 드러나는 표현에 대한 민감도를 줄여야 하고, 사고를 더 유연하게 해야 합니다. 온라인에서 A라는 의견을 제시했다가 반박을 받으면 부정적인 감정부터 올라옵니다. 그보다는 왜 그와 같이 반박하는지를 살펴보고, 다른 설득 방법을 찾아야 합니다. 유연한 개인주의자가 되어야 하는 것입니다.

이제 '내가 보는 나'를 잘 설명하기 위한 마지막 방법을 알아보겠습니다. 바로 내가 역사 속의 존재임을 자각하는 것, 역사적 관점을 가지는 것입니다. 역사란 무엇이기에 우리 삶에 도움이 되는 것일까요. 고바야시 히데오라는 문예 평론가는 이런 말을 남겼습니다.

> 역사란 '잘 떠올리는 것'입니다. 역사를 안다는 말은 지난날의 손짓과 말투가 보이거나 들리는 듯한 상상 속 경험을 뜻합니다.•

그의 저서 『학생과의 대화』에 나오는 말입니다. 같은 저서에 다음과 같은 말도 나옵니다.

> 여러분의 현재 마음속에 살아 있지 않으면 역사가 아닌 까닭입니다. 역사는 사료 속에 있지 않습니다. 여러분의 마음속에 있으니, 역사를 잘 안다는 것은 여러분이 자기 자신을 잘 아는 것과 실로 똑같은 일입니다.•

역사란 과거에 있었던 어떤 사실의 집합이 아닙니다. 역사란 긴 시간 동안 인류가 자신에게 주어졌던 문제들을 어

• 고바야시 히데오, 『학생과의 대화』 중에서

떻게 해결해왔는지를 기록해놓은 것입니다. 지금 여러분이 마주하고 있는 고민도 결국 '이 시대'라는 특정한 시공간 속에서 의미를 가집니다. 마찬가지로 역사 속 인물들과 사건들은 그 시공간이 과거일 뿐, 현재의 나와 같은 생생한 존재입니다.

이 책에서 현대 사회에 필요한 개인주의 철학을 과거의 여러 사상가들을 통해 탐구하는 것도 이 때문입니다. 역사적 인물, 위대한 사상가들을 박물관에 전시된 물건처럼 다루지 말고, 그 시대를 살아간 한 개인으로서 이해하고 설명할 수 있다면, 오늘의 나를 잘 설명하는 데에 큰 도움이 될 것입니다.

스스로 생각하지 않으면
'남이 보는 나'에 종속된다.

3장

독립과 자유가 두려울 때가 있다면

_라캉의 '거울 이론'과 프롬의 '인간의 마음'

1. 내 기분을 모르는 것이 당연하다

당신은 지금 자신의 기분이 어떤지 잘 표현할 수 있습니까. 애초에 자기 기분을 어느 정도까지 파악할 수 있습니까. 간혹 이유를 정확하게 알 수 없는 어떤 기분을 느낄 때가 있습니다. 정체를 알 수 없어 답답합니다. 그럴 때면 20세기 최고의 사상가로 꼽히는 정신분석가 지크문트 프로이트가 말한 의식과 무의식의 세계가 떠오릅니다.

프로이트는 인간의 마음을 빙산 모양에 비유했습니다. 북극의 빙산을 떠올려봅시다. 우리 눈에 보이는 울퉁불퉁한 얼음산은 전체 중 극히 일부분에 불과합니다. 물 밑에는

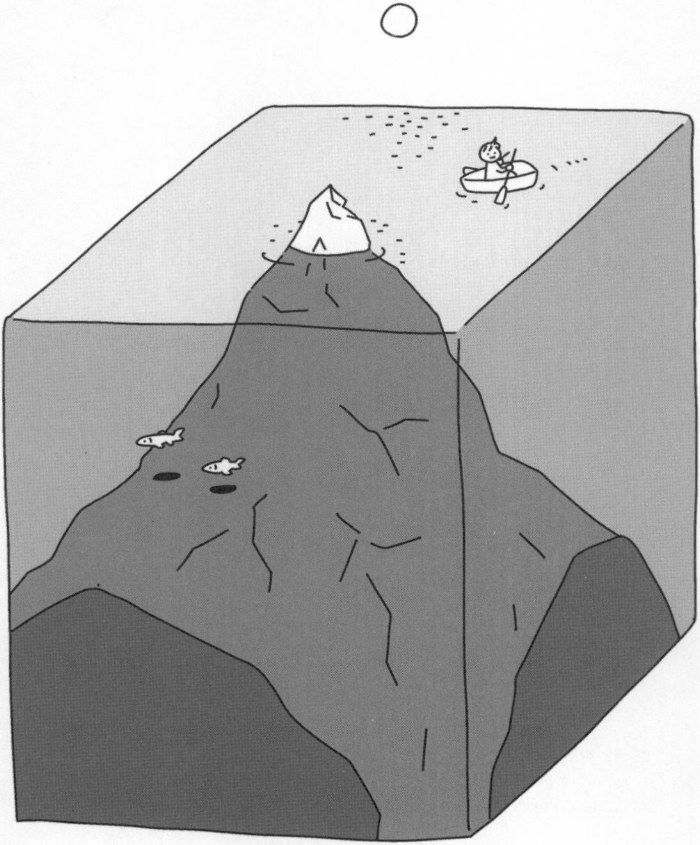

훨씬 커다란 부분이 숨겨져 있습니다. 이 전체가 나의 '기분'인데, 우리가 파악할 수 있는 부분은 물 위에 뜬 극히 일부이고, 그 아래에 있는 부분을 파악할 수 없기에 답답한 것입니다.

이 물 밑에 잠긴 거대한 부분을 프로이트는 '무의식'이라고 불렀습니다. 무의식은 그가 만들어낸 개념입니다. 프로이트는 "마음은 의식과 무의식으로 이루어진다"라는 틀을 제시했습니다. 이 틀이 바로 정신분석학의 기초입니다. 프로이트 이후 정신분석은 계속 발전을 거듭했습니다. 융, 아들러와 같은 유명한 심리학자들이 등장했고 다양한 이론들이 생겼습니다.

프로이트의 이론은 인간이라는 존재가 어떻게 생각하고 행동하는지를 이해하는 데에 엄청나게 공헌했습니다. 의식과 무의식의 관계를 이해하는 것만으로도, 우리는 자신과 타인을 위한 더 좋은 선택을 할 수 있습니다. 예를 들어봅시다. 어린아이가 과자를 달라고 웁니다. 만약 여러분이 엄마라면 무조건 이 소원을 들어줄까요?

"현명한 엄마라면 과자를 주는 대신에 가만히 머리를 쓰다듬고 안아줄 것이다."

이렇게 말한 사람은 프로이트의 정신분석을 발전시킨 사상가 자크 라캉입니다. 라캉은 1901년에 프랑스 파리에서 태어났습니다. 청년 라캉은 파리대학 의학부를 졸업하고 정신과 수련을 받은 후 피카소의 개인 치료사로 일하기도 했습니다. 그는 프로이트의 논문을 번역 출판하는 등 정신분석학에 대한 관심을 높여갔습니다. 라캉은 프랑스 정신분석학회의 창시자이자 현대 예술 분야에도 지대한 영향을 미친 사상가입니다.

라캉은 어린아이가 떼를 쓰는 이유 중 대부분은 애정을 원하기 때문이라고 주장했습니다. 애정을 얻기 위해서 어떤 아이는 '배가 고프다'고 울고, '배가 아프다'고 말한다는 거죠. 흥미로운 점은 아이 자신은 자기가 진정 무엇을 원하는지를 잘 모르고, 표현하기 어려워한다는 점입니다. 엄마의 애정을 갈구하는 욕구는 의식이 아니라 무의식의 세계에 있기 때문입니다.

내가 지금 무엇을 원하고 있는지, 그걸 얻으려면 어떻게 해야 하는지를 잘 모르는 건 어린아이만 그럴까요. 성인들 중에도 자신이 왜 이렇게 행동하는지, 무엇을 원해서 이렇게 하는지를 설명하기 힘든 상황에 휩싸이는 사람이 많습니다. 그리고 본인이 이런 상태임을 깨닫는 것 또한 쉽지

"어린아이는 자신이 왜 우는지를 알 수 없다.
당신은 어떠한가."

자크 라캉

않습니다.

예를 들어봅시다. 레스토랑에서 직원의 실수 때문에 혹은 음식에 문제가 있다고 불같이 화내는 사람을 목격할 때가 있습니다. 그 이유를 이해하더라도 '저렇게까지 심하게 화를 낼 일인가?'라고 생각되는 경우가 있습니다. 필요 이상으로 화를 낸다는 건 레스토랑의 실수 자체보다는 다른 일로 짜증이 나 있는 상태이거나 과거에 자신이 무시당했던 일이 떠오르면서 감정이 폭발했기 때문일 수도 있습니다.

과자를 원했던 아이의 마음도 비슷합니다. 과자 자체를 먹고 싶어서 조르기도 했을 겁니다. 그러나 과자를 먹고 싶다는 요구 아래에는 '나를 더 소중하게 대해달라' '나에게 더 신경 써달라' '엄마랑 같이 놀고 싶다' 등의 더 근원적인 욕구가 깔려 있습니다.

여기서 과자를 '보상'으로 바꾸고, 엄마에 대한 애정을 타인에게 인정받고 싶어 하는 욕망으로 바꾸어 생각해봅시다. 콘테스트에 나가고, 오디션에 참가하는 등의 행위에는 상금 자체보다는 타인으로부터 인정받고, 나를 증명하고 싶다는 욕망이 더 큽니다. 그 인정 욕구를 더 자세히 들여다보면 또 다른 무의식의 세계를 발견할 수도 있습니다.

이렇듯 내가 '내 기분'을 정확하게 모르는 채로 행동하는 경우가 많습니다. 그런데 꼭 자신의 기분을 잘 알아야 하는 걸까요. 내 기분을 내가 잘 알아야 하는 이유는 우리가 '집단' 안에서 행동하는 존재이기 때문입니다. 내 기분을 내가 모르면 '동조압력'에 따라 움직이게 되기 때문입니다.

집단의 행동을 따르면서 자신의 기분이 아닌 타인의 기분을 갖게 되는 경우가 있습니다. 대표적인 사례가 바로 '따돌림'입니다. 따돌림은 어느 집단에서나 쉽게 발생할 수 있습니다. 특히 같은 성향을 유지하는 게 중요하다고 여기는 집단에서 쉽게 발생합니다. 내가 따돌림의 대상이 될 수도 있지만, 나도 모르게 이유 없는 집단 따돌림에 가담하고 있을 수도 있습니다. 뒤에 더 자세히 살펴보겠지만 독일의 심리학자 에리히 프롬은 이런 말을 남겼습니다. "인간은 남에게 영향을 쉽게 받는 존재이기 때문에, 그것이 자신에게 해로운 일이라 해도 남이 시키는 일을 한다. 그것이 협박이든 칭찬이든 자신에게 영향을 주는 무엇인가에 쉽게 굴복한다."

집단 따돌림 같은 극단적인 경우까지 가지 않더라도, 인간은 미움받기를 원하지 않으며 한 집단 속에 '자신이 있을 곳'을 확보하려고 하는 존재입니다. 남들과 비슷하게 행동하는 것을 안전하다고 느낍니다. 사람들에게 미움받는 것을 두려워하는 마음은 자신의 감정을 감추는 기술로 발전합니다. 이리하여 자기 마음을 감추면 '자신이 있을 곳'을 찾았다고 착각하게 됩니다. 그로 인해 어떤 일이 발생할까요. 예전에는 불쾌하게 여기지 않았던 것을 불쾌하게 여깁니다. 기뻐하는 일이 생겨도 나 혼자만 좋아할 일 같으면 드러내지 않게 됩니다.

이렇게 '억압된 감정'은 사라지지 않고 축적됩니다. 거대한 빙산의 보이지 않는 물 밑 부분에 부정적 힘이 차곡차곡 쌓이다가 어느 날 전혀 예기치 못한 일로 폭발합니다. 내가 나를 모르는 상황과 마주하게 됩니다.

2. 현대 자본주의가 만든 '거울 속 나'

'내가 나를 모르겠다'라는 문제는 인간이기에 겪을 수밖에 없는 것이기도 합니다. 이를 설명해주는 라캉의 흥미로운 이론이 있습니다. 바로 '거울 이론'입니다. 우리는 언제 '나'라는 존재를 인식하게 될까요. 우리가 기억할 수 없는 아주 어린 시절로 돌아가봅시다.

어느 날 엄마에게 안겨 태어나서 처음으로 거울 앞에 섭니다. 아기는 거울에 비친 자신의 모습을 보고 어떻게 반응

할까요. 아기는 여태까지 자신의 눈을 통해 신체 중 일부분만 볼 수 있었습니다. 자기 몸 전체를 볼 수 없었고, 특히 얼굴을 볼 수 없었습니다. 그러다 난생처음 거울에서 자신의 모습을 보게 되는 것입니다. 대개 생후 6개월 이후에 경험하는 이 단계를 가리켜 라캉은 '거울 단계'라는 이름을 붙였습니다.

아기는 거울에 비친 자기 모습에 특별한 관심을 보이고 기뻐합니다. 라캉은 이 '거울 단계'에서 '착각'이 일어나는 때가 인간의 자아 인식이 어긋나기 시작하는 시점이라고 지적합니다. 거울 속에서 찾아낸 이미지를 자기 자신이라고 굳게 믿는 경험은 중요한 의미를 지닙니다.

아기가 자기 자신이라고 생각하는 모습은 거울에 비친 상(像)입니다. 그 상을 실제의 자신과 동일시하는 무렵부터 인간은 어떤 딜레마에 처하게 됩니다. 거울의 세계는 실제로 접할 수 없습니다. 들어갈 수도 없습니다. 그 까닭에 나라는 존재에 다가가려 해도 다가가지 못하는 영원한 딜레마가 시작됩니다. 라캉은 이 경험이 많은 사람의 마음속에 강렬한 기억으로 남는다고 주장했습니다.

이 거울 단계는 '진짜 내'가 아닌 어떤 환영을 계속 자기 자신이라 생각하고 뒤좇는 일을 상징합니다. 어른이 되어서도 이런 딜레마를 겪습니다. 영화를 보다 보면 주인공이 심한 내적 갈등을 겪을 때 거울 속에 비친 자신을 응시하는 장면이 나옵니다. 거울 속에 비친 자신의 모습을 마치 낯선 사람을 들여다보듯이 바라봅니다. 거울 속에는 화려하게 성공한 사람이 있고, 다른 사람에게 박수를 받는 사람도 있지만, 그것이 과연 자신의 모습인지 알 수 없습니다.

영화 속 주인공만이 아니라 우리 중 많은 이들이 진짜 내가 아닌 어떤 환영을 계속 자신이라고 생각하고 뒤좇기도 합니다. 라캉은 "인간은 타인의 욕망을 욕망한다"라는 말을 남겼습니다. 여기서 '타인'은 '남'이라는 의미보다 사실은 '내가 아닌 나'라는 의미에 가깝습니다.

'거울에 비친 나'라는 비유가 어려울 수 있습니다. 그러나 현대 사회에서 우리는 이와 비슷한 상황을 이미 겪고 있습니다. 바로 가상의 세계에 존재하는 '나'입니다. SNS는 '현대 기술이 만들어낸 거울'입니다. 자신의 이름으로 계정을 만들고 그곳에 자신의 생각, 친구에게 보내는 글, 매일의 일상 등을 공개합니다. 그런 행동을 끊임없이 반복하다 보면 어느 순간 실제로 존재하는 나보다 인터넷상에서 보이는 나가 더 중요합니다.

SNS에 존재하는 나의 기분 상태, 가치관, 친분 관계 이런 것들이 실제의 나보다 더 중요하게 다뤄집니다. SNS에 올라가는 내 모습은 애착의 대상이지만, 현실 세계에서 나의 모습은 그보다 소중히 여겨지지 않습니다.

예를 들어 여러분이 SNS 계정에 계속 귀여운 고양이 사진과 맛있는 음식 사진을 올린다고 합시다. 그러나 우리의 삶에 그런 순간들만 있지 않다는 건 분명합니다. 냉정하게 말하면 SNS에 보이는 '나'는 그냥 '전자 데이터'일 뿐입니다. 하지만 이 데이터에 특별한 애착을 느끼고 자기 동일화를 하려고 합니다. 인식이라는 행위가 가진 위험성이 여기에 있습니다.

심지어 실제의 나와 조금의 관련도 없는 가상의 자아를 만들 수도 있습니다. 프로필에서 이름을 바꾸고 나이와 사는 곳, 직업도 바꿀 수 있습니다. 얼굴을 귀여운 캐릭터 이미지로 대체합니다. 가령 귀여운 고양이 캐릭터로 누군가와 소통한다고 합시다. 안부를 주고받고 고마운 마음을 표현하는 교류가 일어나지만 과연 상대가 관계를 맺는 '사람'은 누구일까요. 설명하기 어렵습니다. 우리의 실제 삶도 달라집니다. 하루 중 이 가상의 자아로 세상과 접하는 시간이 더 많기도 합니다.

Follow
Follower

그러나 SNS에서 아무리 '좋아요'를 받아도 실제 생활에서 자신감이 생기지는 않습니다. 사람들에게 댓글로 위로의 말을 들어도 깊은 평온함이 찾아오지도 않습니다. SNS에서 위로받는 '나'를 내가 모르기 때문입니다. 현대 기술이 만든 거울 속에 비친 것은 분명 나의 모습이지만 내가 닿을 수 없는 실체입니다. 그런 거울이 하나가 아닌 여러 개가 되기도 합니다.

3. 나의 자유를 스스로 반납하다

'인간이 자신을 어떻게 인식하는가' 문제를 다룬 라캉의 거울 이론에 이어, 독일의 심리학자 에리히 프롬을 통해 우리 마음의 양면성에 대해 살펴보겠습니다. 프롬은 독일에서 태어났지만 유대인이었습니다. 유대교 랍비 집안의 엄격한 문화 속에서 자라난 소년 프롬은 청년기에 법학과 사회학을 공부했습니다. 정신과 의사와 결혼 후 베를린에 사설 정신분석 상담소를 운영하면서 동시에 프랑크푸르트 사회 연구소에서 활동했습니다. 그곳에서 권위적인 가족 문화로 인해 억압된 개인이 어떻게 자기보다 강한 사람에게는 복종하고, 약한 사람들에게는 폭력을 휘두르게 되는지에 대한 양상을 연구하기도 했습니다.

프롬 또한 프로이트의 이론을 발전시킨 중요한 사상가입니다. 프롬의 『자유로부터의 도피』라는 저서를 아실 겁니다. 『자유로부터의 도피』는 제2차 세계대전이 한창이던 때, 독일 국민이 어떻게 독재자 히틀러와 파시즘의 추종자가 되었는지를 고찰하는 과정에서 탄생한 책입니다.

이 책에서 프롬은 '나는 과연 자유를 원하는가?'라는 질문을 던집니다. 인간은 근대에서 현대에 이르기까지 오래된 여러 관습에서 해방되어 왔습니다. 도시화가 진행되면서 사람들은 전근대적인 마을 공동체의 속박, 종교의 계율 등에서 벗어나 '개인의 자유'를 손에 넣게 됩니다.

그러나 그 자유에는 대가가 있습니다. 자립해야 합니다. 자율적으로 선택하고 판단해야 합니다. 부모와 연장자의 의견, 집단이 주는 규율에 복종하는 게 아니라, 나 개인이 결정해야 합니다. 문제는 내 결정이 옳은 것인지, 좋은 결과를 가져다줄 것인지에 대한 확신이 없었다는 것입니다. 게다가 자유는 동시에 '독립'을 대가로 합니다. 집단에 소속되어 복종할 때 얻는 여러 이익을 얻을 수 없습니다. 자유로워 보이는 도시인들이 고립, 고독, 공포 같은 감정에 휩싸이게 되는 건 이 때문입니다.

프롬은 여기에 '근대인의 자유의 양면성'이 있다고 지적했습니다. 근대 자본주의 사회가 초래한 고독감, 거대한 사회 구조에 자신이 영향을 끼칠 수 없다는 무력감이 있습니다. 우리는 이와 비슷한 감정들을 느끼며 살아갑니다. 사람들은 이 감정을 일상에서 다양한 오락 활동을 통해 감춥니다. 그러나 이런 감정은 근원적으로 사라지지 않습니다. 어떤 사건을 계기로 단숨에 쏟아져 나옵니다.

이런 고립감, 무력감이 심해지면 우리는 공포에 가까운 감정을 느끼게 됩니다. 어떤 특정한 권위, 의지할 수 있다고 생각하는 대상에 집중합니다. 모처럼 손에 넣은 자유를 견디지 못하고 구원을 찾아 스스로 자유를 바치게 됩니다. 이것이 히틀러의 파시즘이 성공했던 이유입니다.

현대 사회도 비슷합니다. 파시즘까지는 아니어도, 나의 자유를 일부러 버리고 싶을 때가 있습니다. 근대 사회에서 볼 수 있었던 마을 어르신의 조언은 이제 각 분야 전문가들의 조언으로 채워집니다. 부모의 규율은 온라인에서 확산되는 여론으로 대체됩니다. 내가 스스로 판단하고 결정하는 자유를 스스로 버리는 것입니다.

자유는 본디 고독, 책임과 함께 부여되는 것입니다. 고독과 책임을 각오하지 않은 채 손에 넣는 자유란 감당하기 힘들고 다루기 어렵습니다. 자유는 인간 행복의 필수 조건이지만 고독과 책임을 각오하지 않고서 우리는 자유로울 수 없고 행복해지기도 어렵습니다.

어느새 고독과 책임을 견디지 못하고 자유에서 도피하게 되는 메커니즘, 사실 이 또한 인간의 마음이 가지고 있는 요소입니다. 문제는 이 자유로부터 도피하고자 하는 마음이 개인의 차원에 머물지 않고 서로에게 영향을 미친다는 것입니다. 집단적 상승효과가 일어날 수 있습니다. 비단 제2차 세계대전 당시의 독일과 같은 상황이 아니어도, 우리는 이와 유사한 사례를 숱하게 찾아볼 수 있습니다.

그런 점에서 개인의 자유란 타인이나 집단과 관계없이 결정하고 선택할 수 있다는 것을 의미하기도 하지만, 근원적으로 들어가면 어떤 것과 맞서겠다는 일이기도 합니다. 독일의 나치즘에 의탁한 사람들은 안정감을 느꼈을지는 몰라도 자유롭지는 않았습니다. 도리어 히틀러를 추종하는 억압된 사회에서 진정한 개인의 자유가 되살아납니다. 나치즘에 맞서는 저항이 일어나고 그것이 곧 자유라는 사실을 알게 됩니다.

현대 민주주의 사회에서 히틀러와 같은 독재자는 없을 것 같지만 다른 모습으로 존재합니다. 우리는 모두 개인으로서의 자유를 누리고 있는 것 같지만 그렇지 않습니다. 나 스스로의 고독감, 책임감과 응시할 수 없을 때 우리는 수시로 자유를 잃어버립니다.

4. 인간은 동물이면서 동물이 아니다

인간이 자유를 원하면서도 원하지 않는 모순을, 프롬은 인간의 선과 악이라는 문제로까지 발전시킵니다. 그는 『사랑의 기술』과 『인간의 마음』이라는 저서 등을 통해 인간 심리의 심연을 파고들었습니다.

우리는 한 집단에 대해서는 선악을 잘 판단합니다. 그렇다면 개인은 어떻습니까. 나는 과연 선한 존재인가요. 악한 존재인가요. 프롬은 『인간의 마음』 첫 장에서 다음과 같은 질문을 던집니다. "인간은 늑대일까요, 양일까요?" 당신은 어떻게 대답하겠습니까. 『자유로부터의 도피』에서 프롬이 인간의 모순을 드러냈다면, 이 책에서는 인간은 '선한가, 악한가?'라는 극단적 양자택일을 통해 인간의 본질에 다가가려 합니다.

여기서 그는 하나의 질문을 더 던집니다. 인간의 본질은 변화해왔을까요? 변하지 않았을까요? 우리는 자연스럽게 진화 과정에서 인간이 가진 본질적 측면이 변화해왔으리라고 생각합니다. 그렇다면 변화한 것을 본질이라 할 수 있을까요. 변했다면 무엇을 변화라고 생각해야 할까요.

프롬이 던지는 이런 질문만으로도 우리는 인간이 어떤 딜레마를 겪고 있다는 것을 느낄 수 있습니다. 프롬은 이 딜레마에 대해 다음과 같이 말합니다.

> 나는 이 딜레마를 해결하려면 인간의 본질을 특정 성질이나 실체가 아닌 인간이라는 존재에 내재하는 모순으로 정의해야 한다고 생각한다. 이 모순은 다음의 두 가지 사실에서 찾을 수 있다.
>
> (1) 인간은 동물이지만 그 본능적 기능은 그 어떤 동물과 비교해도 불완전하므로 이것만으로는 생존이 보장되지 않는다. 따라서 인간은 물질적 요구를 채우는 수단을 만들어냈고, 언어와 도구를 발달시켰다.
>
> (2) 인간은 다른 동물과 마찬가지로 지성이 있으며, 직접 실제 목적을 완수하기 위하여 사고 과정을 사용할 수 있다. 그러나 인간에게는 동물에게 없는 정신적 특질이 또 하나 있다.

> 인간은 자기 자신을 잘 알 뿐 아니라 자신의 과거와 미래, 즉 죽음을 자각한다. 또 자신이 얼마나 하찮고 무력한지도 안다. 타인을 타인—친구, 적, 미지의 존재—으로 인식한다. 인간은 자기 자신을 의식한 최초의 생물인 까닭에 다른 모든 생물을 초월한다.•

어려운 말이 아닙니다. 찬찬히 읽어보면 누구나 이해할 수 있습니다. 이 글에서 저는 "인간은 자기 자신을 의식한 최초의 생물"이라는 표현에 가장 주목합니다. 인간은 두 번 태어난다고 할 수 있습니다. 생물학적으로 태어나는 것이 처음이라면, 두 번째는 '자신'이라는 존재를 의식하기 시작하는 때, 바로 사춘기를 말합니다. 인간이 어른이 된 다음에도 사춘기 때 느꼈던 기쁨, 슬픔, 고민, 고양감에 대한 기억을 강렬하게 가지고 살아가는 것도 이 때문입니다.

자기 자신에 대해 인식하게 된다는 것은 자기 안의 모순을 인식하는 것과 같습니다. 프롬의 생각을 단서로 인간이 가지고 있는 모순에 대해 좀 더 생각해봅시다. 우선 (1)에서 프롬은 인간은 동물인 동시에 단순히 동물이 아니라고 말합니다. 언어와 도구를 사용하지만 다른 동물처럼 본능에

• 에리히 프롬, 『인간의 마음』 중에서

따라 사는 측면이 있고, 또한 본능뿐 아니라 자신의 존재를 사회와 역사 속에서 평가하고 의식하여 이성으로 행동하는 측면이 있다는 것입니다. 인간은 이 두 요소가 항상 줄다리기하는 존재라고 프롬은 정의합니다.

인간이라는 존재의 마음 상태를 2층으로 비유해봅시다. 인간의 마음속에 1층과 2층이 있다고 가정해봅시다. 1층에는 동물적 존재인 인간, 즉 타고난 생리적 욕구, 본능을 기본으로 하는 부분이 있습니다. 2층에는 지성적 존재인 인간, 즉 성장하는 과정에서 획득한 부분이 있습니다. 이 1층과 2층은 느끼는 방식이 각기 달라서 물과 기름처럼 섞이지 않습니다. 인간의 마음이 존재하는 방식 자체가 모순되어 있다는 주장입니다.

이렇게 생각하면 '인간은 늑대인가? 양인가?'라는 질문에 대한 답은 이렇습니다. '인간은 양이자 늑대'입니다. 그리고 이 두 가지가 서로 힘겨루기를 합니다. 1층의 마음과 2층의 마음이 서로를 적대하면서 공생한다는 것이죠.

이성으로 행동하려 한다는 것은 본능에 따라 움직이는 게 무엇인지를 아는 상태를 말합니다. 선에 따라 살려고 한다는 것은 악을 바라는 마음도 아는 존재란 뜻입니다. 인간

"인간은 자기 자신을 의식한 최초의 생물이다."

에리히 프롬

은 언제나 두 방향으로 갈라지는 모순을 안고 사는 존재입니다. 프롬은 다음과 같은 말을 덧붙입니다.

> 나는 지금 이 갈등을 인간의 본질—즉 인간을 인간답게 하는 무언가—이라고 간주하기만 해서는 불충분하다는 사실을 지적하고 싶다. 이 설명의 범위를 넘어 인간의 갈등 그 자체가 강력하게 해결을 바란다고 인식해야만 한다.*

사실 많은 사상가들이 '인간의 양면성'을 지적해왔습니다. 위대한 문학 작품에는 인간의 모순을 그린 이야기가 많이 있습니다. 인간은 '천사'와 '악마' 두 얼굴을 동시에 가질 수 있다는 것을 드러냅니다. 그렇다면 이렇게 양면성이 있다고 인정하는 데에서 끝나면 될까요? 프롬은 한층 더 깊이 들어가는 이야기를 합니다.

인간은 서로 갈등하는 두 세계에 속해 있는 존재입니다. 하지만 프롬이 지적하는 것은 이 갈등 때문에 사람이 되는 것일 뿐만 아니라, 우리 내부에 있는 갈등 자체가 해결을 요구하고 있다는 점입니다. 갈등이 있다는 건 해결을 위한 나의 선택과 결정을 요구받고 있다는 뜻입니다.

5. 내 안에 숨어 있는 공포

본능과 이성, 선과 악의 갈등으로 이루어진 존재라는 것은 우리 내부에 고유한 공포가 있음을 의미합니다. 우리는 앞에서 자유를 버리고 싶어 하는 개인을 이야기하면서 이 공포를 살펴본 바 있습니다. 홀로 있다는 것은 자유롭기도 하지만 고통스럽기도 합니다. 우리가 '개인주의자'로 산다는 것은 집단의 영향으로부터 자유롭지만, 동시에 고립의 고통에서도 해방되어 세상과의 일치감을 가지는 조화로운 상태를 말합니다.

어떻게 하면 해결할 수 있을까요. 프롬은 그 해결책이 갖추어야 하는 한 가지 조건에 대해 먼저 이야기합니다.

> 모든 대답이 갖추어야 할 한 가지 조건이 있는데, 곧 그것은 분리되어 있다는 감각을 뛰어넘어 연대감, 일체감, 소속감을 얻는 데에 도움이 되어야 한다.•

인간은 한 사람의 개체로서 '분리'되어 있다는 감각에서 해방되고 싶어 하기에 연대감, 일체감, 소속감을 추구하는

• 에리히 프롬, 『인간의 마음』 중에서

"우리의 내면이 심각한 갈등을 겪고 있다는 건
강력한 해결을 바라고 있는 것이다."

에리히 프롬

존재입니다. 이러한 인간의 성질은 업무나 스포츠에서 팀이 하나가 되어 승리하는 훌륭한 결과를 낳기도 하지만, 때때로 국민이 똘똘 뭉쳐 전쟁으로 돌진하는 끔찍한 결과를 낳기도 합니다. 한발 물러나 인간의 집단행동을 관찰해보면 공동의 업무나 단체 스포츠, 전쟁과 같은 싸우는 상황 모두 연대감을 원하는 똑같은 마음 구조에서 비롯되었음을 알 수 있습니다.

즉, 여러분에게도 나에게도 무리를 이루고 싶고 모두와 함께 행동하지 않으면 불안해하는 성질이 있다는 사실. 이 마음의 움직임을 냉정하게 기억해야 합니다. 이것이 때로는 빛과 희망이 되고, 때로는 거대한 악을 만들어내기도 합니다. 그러면 어떻게 해야 악으로 가지 않을 수 있을까요. 더 근원적으로 왜 인간은 '악'에 빠지면 안 되는 것일까요.

6. 악한 존재는 개인주의자가 될 수 없다

집단 속에 있을 때 생기는 일체감. 사람이 모였을 때 생기는 특별한 감정을 떠올리기 좋은 풍경을 하나 생각해봅시다. 단체 수련회를 갔습니다. 마지막 날, 일정의 하이라이트인 캠프파이어가 시작됩니다. 어둠 속에서 빨갛게 타오르는 불꽃이 하늘을 향하고, 사람들이 크게 원을 지어 불꽃 주변을 둘러싸고 있습니다. 한 명씩 돌아가며 차례차례 자신의 마음을 고백합니다. 이런 순간 불꽃에 비친 사람들의 얼굴은 평소와는 다르게 상기되어 있습니다. 기이한 고양감이 에워쌉니다. 감동적인 영화처럼 가슴이 뭉클해지는 순간들이 찾아옵니다.

그런데 그 고양감이 '특정한 이념'을 향한다고 생각해봅시다. 꼭 '이념'이라는 거창한 말이 아니어도 됩니다. 예를 들어 '열광하라, 긍정하라'라는 구호라고 한번 생각해봅시다. 집단이 가진 에너지가 아무리 선한 방향을 목표로 한다고 해도, 일체감을 느끼는 방식이 집단이 표방하는 하나의 감정과 의견에 복종하는 것이라면, 이는 1차원적 해결에 가깝습니다. 동물이 무리를 짓는 습성과 비슷한 방식인 것이지요.

프롬은 이를 '퇴행적 해결법'이라는 말로 비판했습니다. 집단에서 자신의 자리를 찾지 못했을 때에 느끼는 고독이나 미래에 대한 불확실성 등에서 비롯되는 공포스러운 감정에서 해방되기를 원하는 순간, 동물에서 진화했으나 아직 동물인 인간은 무심코 '자신이 온 곳'에서 빠른 해결책을 찾기 쉽다고 지적합니다. 즉, 일치감을 얻기 위해서 자신

의 이성으로 받아들일 수 없는 것을 받아들이고, 내면의 욕구와 기분을 억누르는 것을 두고 에리히 프롬은 '퇴행적'이라고 말합니다.

'모두'와 함께한다는 안도감만으로 움직이는 해결은 '퇴행'입니다. 혼자서는 그 자리에 서 있지 못하는 인간. 유약한 까닭에 고독을 견디지 못하고 집단과의 동일화를 꾀함으로써 안심하려는 인간의 성향은 '악'에 가깝습니다. 왜냐하면 이런 해결책은 '스스로를 의식할 수 있는 존재'라는 인간의 정신적 특질을 누르기 때문입니다.

> 악은 인간에게 보이는 독특한 현상이다. 악은 인간을 예전 상태로 퇴행하게 하고 특히 인간다운 것—이성, 사랑, 자유—을 말소하려고 한다. 그러나 악은 인간다울 뿐 아니라 비극이기도 하다. (중략) 악이란 휴머니즘의 무거운 짐에서 벗어나려는 비극적 시도 속에서 자신을 잃어버리는 일이다.•

그렇다면 프롬의 진정한 해결책은 무엇일까요. 프롬은 '전진적 해결'을 제시합니다. 바로 자기 내면의 인간성을 충

•에리히 프롬, 『인간의 마음』 중에서

분히 발달시켜 새로운 조화를 찾으려는 해결 방법입니다. 프롬은 이런 말을 합니다. "죄를 지었다고 괴로워하는 것만으로는 불충분하다. 인간은 선한 일을 할 수 있고, 그를 위해 결정하고 선택하는 행위를 통해 '균형'을 잡을 수 있다는 것을 믿어야 한다."

인간은 모순된 존재이지만, 그렇기에 해결을 생각하고 실행하는 존재이기도 합니다. 인간은 선한 존재가 아닐 수도 있지만, 선한 일을 실행할 수 있는 존재입니다. 개인의 자유를 막는 집단의 요구에 맞서는 일이 곧 '선한 일'이라는 논리는 여기에서 등장합니다.

진정한 개인주의자가 된다는 것은 퇴행적 해결이 아닌 전진적 해결을 향해 나아감을 뜻합니다. 때문에 진정한 개인주의란 나를 잃어버리는 일인 '악'으로부터 벗어나 개인의 자유, 긍지, 존엄 등을 선택하는 '선'을 행하는 것입니다. 이를 통해 나의 자유, 긍지, 존엄을 선택하는 일이 곧 인간이 '동물'이 아니라 '인간답게' 존재하는 사회와 일치되는 일임을 깨닫는 것입니다. 이것이 바로 개인주의자가 '세상과의 일치감'을 느끼는 방법입니다.

프롬이 말한 퇴행적 해결과 전진적 해결을 '쇠퇴의 신드롬'과 '성장의 신드롬'으로 바꿔 말할 수도 있습니다. 한 사회 전체가 쇠퇴하느냐, 성장하느냐를 생각해봅시다. 우리가 '선'을 향하는 에너지를 늘리지 않으면, 쇠퇴하게 됩니다. 흔히 개인주의자들을 가리켜 이기적이며 선하기보다 악한 존재라고 말하지만, 이는 개인주의에 대한 완전히 잘못된 이해에서 온 것입니다. 오히려 개인의 자유는 인간 사회 전체를 성장시키는 '선한 행위'를 통해 지켜지고 나아갈 수 있습니다.

우리는 이번 장에서 프로이트에서 시작하여 라캉과 프롬으로 이어가면서 인간이라는 존재가 가진 모순에 대해서 살펴보았습니다. 의식과 무의식의 세계, 허상의 나와 실제의 나, 선과 악을 동시에 가진 마음.

그 누구도 당신 마음에 있는 이 '모순'을 해결해줄 수 없습니다. 이 모순의 해결을 포기하는 순간 '나'라는 존재는 사라집니다. 이 모순의 해결을 '집단과 타인'에게 의지할 수도 없습니다. 모순을 해결하려고 발버둥 치는 각자의 모습이 바로 '나다움'과 '개성'이라는 것입니다.

4장

마음 편히 사는 것이 불안하게 여겨진다면

_노자의 '도'와 장자의 '자연'

1. 무리하지 않는 삶을 살려면

19세기와 20세기에 발달한 현대 정신분석학, 사회심리학 등은 인간의 마음을 연구한 학문입니다. 프로이트, 라캉, 프롬 등을 통해 우리는 '나를 잃지 않는다'는 것이 무엇인지, '인간이 가진 모순을 어떻게 해결할 것인지'를 살펴보았습니다. 그러나 이 질문은 서양만이 아니라 고대 동양의 철학자들에게도 중요한 화두였습니다.

동양 철학자들의 해결법이 오늘날에 더 직관적인 통찰을 주는 측면이 있습니다. 현대 물질문명과 자본주의 시스템이 개인에게 가하는 압력은 상상할 수 없을 정도로 강력합니다. 우리가 1장에서 '나를 잃어버린 소비'에 대해 살펴보았듯이, 이미 '상품'이 인간보다 먼저 존재하는 시대입니다. 내가 상품의 주인이 아니라, 상품이 나의 주인입니다. 새로운 상품에 적응할 수 있느냐 없느냐를 시험받는 시대에 살고 있기 때문입니다.

게다가 기술이 아무리 발전했어도 현대 자본주의 사회를 살면서 닥치는 위험은 의외로 예측 불가능하며 조절되지 않습니다. 질병, 기후 위기, 세계 질서의 재편 과정에서 오는 갖가지 충격들, 가치관의 변화는 전쟁이 일상이었던 과거보다 결코 덜하지 않습니다.

세상의 가치관이 변하는 난세, 격하게 변화하는 전란의 시대에 나를 유지하고자 했던 사상가를 꼽으라면 바로 노자와 장자입니다. 사마천이 쓴 『사기』에 따르면 노자는 초나라 출신으로 주나라에서 도서관장을 지냈다고 합니다. 오늘날로 치면 국가기록원 원장을 맡은 것입니다. 노자의 생애에 대해서는 거의 알려진 바가 없습니다. 노자의 어머니가 노자를 72년간 임신하고 있었고, 어머니의 옆구리를 통해 이 세상에 나왔다는 말도 전해지는 것으로 보아, 많은 이들이 노자를 성인(聖人)과 같이 대단한 인물로 여겼음을 알 수 있습니다.

장자는 노자에게 영향을 받은 후대의 인물로 말단의 관직에 있었다는 기록도 있으나 그 생애가 거의 알려져 있지 않습니다. 자연 속에 숨어 평생을 가난하게 살았다고 전해지고 있으나, 장자의 벗이었던 '혜시'가 위나라의 재상이었고, 많은 제자들을 가르치기도 했다는 기록과 다양한 일화가 남은 것으로 보아 그의 영향력은 매우 컸으리라 예측하고 있습니다.

이 두 사람의 사상을 합쳐서 '노장사상'이라 부르는데, 이 사상의 밑바탕에는 '본래 한 개인에게 내재한 생명력을 어떻게 유지할까'라는 문제의식이 깔려 있습니다.

노자와 장자의 삶을 한마디로 표현한다면 '무리하지 않는 삶'이라고 할 수 있을 것입니다. '나를 잃어버리는 것' 같은 기분을 느낄 때, 우리는 짓눌리는 것 같은 기분, 억지로 해야 하는 것 같은 기분, 자연스럽지 않은 일을 하는 기분을 느낍니다. 이와 관련된 노자의 유명한 구절이 있습니다.

> 최상의 선은 이를테면 물과 같은 것이다.
>
> 물은 만물에 위대한 이로움을 가져다주지만 만물과 다투지 않으며,
>
> 사람들이 싫어하는 낮은 곳을 향한다.

그러기에 물은 도(道)에 가깝다.

(중략)

물의 위대함은 만물을 섬기어 다투지 않는 데 있지만

대체로 다투지 않으니 과실이 없고 나무람을 당할 일도 없다.

도의 체득자, 성인의 모습도 이와 똑같다.•

노자의 "물은 만물에 위대한 이로움을 가져다주지만 만물과 다투지 않는다"라는 말을 저는 다양하게, 쉽게 해석해도 좋다고 봅니다. 이 말을 세상에서 좋은 존재로 살아간다는 것이란 과연 무엇인가에 대한 해답으로 읽어도 좋습니다. 여기에서 핵심은 바로 '도'를 물에 비유한 데에서 찾을 수 있습니다. '도'라는 것은 쉽게 말하면 '깨달은 상태'라고 할 수 있습니다. 노자는 이 '도'라는 것이 바로 물과 같다고 말합니다.

물이란 어떤 성질을 가지고 있습니까. 무색의 투명한 물은 높은 곳에서 낮은 곳으로 흐릅니다. 담는 용기에 따라 그 모양이 바뀝니다. 좁은 틈새를 포함해 어느 곳이든 들어갑니다. 더욱이 아무런 형태가 없는 존재인데도 오랜 시간

• 노자, 『도덕경』 「제8장」 중에서

“어떤 것과도 다투지 않지만,
어떤 일에도 자기 성질을 잃지 않아야 한다.”

노자

을 들이면 바위처럼 단단한 물질마저 잘게 부술 만큼 힘이 있습니다.

노자는 이 물의 성질이 만물 중에서 가장 훌륭하다고 말합니다. 물은 노자의 사상에서 중요한 상징으로, 핵심을 이룹니다. 노자의 사상 속에는 부드러우면서 강인함을 상징하는 물에 대한 비유가 수없이 등장합니다. 흐르는 물과 같다는 말은 억지스럽지 않다는 뜻입니다. 바로 '자연과 같다'는 것입니다.

노장사상의 핵심이 바로 '무위자연(無爲自然)'입니다. '작위적이다'라는 표현을 아실 겁니다. 결코 좋은 뜻으로 쓰이는 경우가 없는 말입니다. 노자는 작위적인 모든 행위를 경계해야 한다고 말합니다.

노장의 무위자연 사상에는 인간이란 존재는 아무리 발버둥 쳐도 거대한 자연의 흐름을 거스르기 어렵다는 세계관이 깔려 있습니다. 세상에는 흐름이 있습니다. 이 흐름은 순리, 이치 등으로 표현되기도 합니다. 자연의 움직임과 닮았습니다. 물의 흐름을 봐도 그렇습니다. 물은 증발되어 대기로 올라가지만, 대기가 머금은 물이 견디지 못할 정도로 무거워지면 다시 비가 되어 내려옵니다. 이런 이치를 인간이 억지로 거스른다는 것은 사실 불가능합니다.

억지로 거스르는 일은 '다툼'을 부릅니다. 그리고 다툼은 손실을 부릅니다. 중요한 것을 잃을 수도 있습니다. 인간에게 가장 중요한 것은 바로 '자기 존재'입니다. 높은 곳에서 낮은 곳으로 흐르는 물처럼, 흐름에 몸을 맡겨야만 '나'라는 존재를 유지할 수 있다는 것이 바로 노자와 장자의 가르침입니다.

2. 겸손한 개인주의자로 산다는 것

작위적인 것 중 하나로 자신을 내세우는 일이 있습니다. 노자는 똑똑한 척하며 자기 자신을 내세우는 것을 다음과 같이 표현하기도 했습니다.

> 발끝으로 선 자는 서 있지 못하고
> 다리를 벌린 자는 걷지 못한다.
> 자신을 과시하면 그 존재도 빛을 잃고
> 자신을 의롭다고 여기면 그 선(善)도 드러나지 않는다.
> 자신의 공(功)을 자랑하면 그 공이 허사가 되고
> 자신을 뽐내면 곧 곤경에 처한다.
> 이처럼 부자연스러운 행위를 무위의 큰 도(道)의 입장에서

먹다 남긴 밥, 군더더기 같은 행동이라고 부른다.•

사람들은 겸손한 이를 존경합니다. 권력, 명예, 부, 능력… 이런 것들을 다 부러워하면서도 단지 그것을 가졌다는 이유로 누군가를 존경하지는 않습니다. 자신이 가진 것에 비해 낮추는 사람은 오히려 존중받고, 노력해서 얻은 것이라 해도 자신이 가진 것을 과하게 내세우는 사람은 존중받기 어렵습니다.

노자가 말하는 '겸허함'은 눈에 띄지 말라든가, 허리를 굽히라든가, 인격자처럼 행동하라는 말과는 좀 다릅니다. 노자의 표현을 빌리면 '군더더기가 없는 행동'을 하는 일에 가깝습니다. 필요 이상으로 그저 '겸손하다'는 말을 듣고 싶어서 몸을 낮추거나, 괜히 논란을 일으킬까 봐 눈에 띄지 않으려 걱정한 나머지 솔직한 자신의 느낌이나 생각을 숨기는 행동과는 다릅니다.

오늘날에 필요한 개인주의의 덕목을 노자에게서 찾는 이유가 여기에 있습니다. 현대 사회에서 각 개인은 자신을 드러낼 것을 요구받습니다. 각종 화려한 이력을 쌓아야 하고,

• 노자, 『도덕경』「제24장」 중에서

자신의 역량을 증명하기 위한 다양한 활동을 해야 합니다. 과거에는 집단 내에서 자신의 가치가 정해졌습니다. 지위가 곧 그 사람의 능력이었습니다.

그러나 이제는 그런 시대가 아닙니다. 집단 내에서의 지위가 가지는 권위가 점점 줄어들고 있습니다. 그러다 보니 역으로 자신의 가치를 스스로 증명해야 하는 일이 많아집니다. 나를 알아주지 못한다고 생각하면 무리하게 됩니다. 처음에는 사람들이 그런 '작위적인 것'들에 속는 것 같지만 언젠가는 문제가 생겨버립니다.

노자가 '도'에 비유하는 '물'은 형체도 색깔도 없지만 분명한 자기 '성질'이 있습니다. 어디나 스며들지만 자신의 성질을 잃지 않습니다. 담기는 그릇에 따라 모양이 바뀌지만 자신을 잃는 게 아니라 도리어 어디를 가든 물로서 존재하는 능력을 보여줍니다. 부딪쳐야 할 때는 단단한 바위도 뚫어냅니다. '깨닫는 사람'이 되는 것은 나를 숨기는 것도 반대로 드러내는 것도 아닙니다. 물과 같이 자신의 성질을 어느 상황에서나 자연스럽게 유지할 수 있는 일을 말합니다.

노자의 사상에서 핵심은 인간은 자연의 일부라는 것입니다. 우리가 자연 속의 존재라는 건 무슨 뜻일까요. 우선 내가 태어났다는 사실 자체가 나의 의지, 노력, 선택과 관계없이 이루어졌다는 것을 뜻합니다. '나'라는 존재가 생명을 얻었다는 건 '우연'에 가깝습니다. 가난한 집에 태어났든 부유한 집에 태어났든, 생명을 '얻은 것'입니다. 꽃이 피어나고 들풀이 자라듯이 말입니다. 자연적인 일입니다.

자연스럽다는 것은 무엇일까요. 지금 여기에 살아 있다는 경이로움을 느끼고 생명을 부여받았다는 감각을 가지는 것입니다. 이와 같은 감각은 결국 인간이 태어나서 성장하는 과정 속에서 더욱 강하게 느껴야 합니다. 왜냐하면 우리는 죽음을 향해 가는 존재이기 때문입니다. 이러한 감각을 진심으로 느낄 수 있게 되면 바로 '균형'이라는 감각이 생깁니다.

숲속을 걷다 보면 느낄 수 있을 것입니다. 수많은 식물들과 동물들이 존재하고 그 태어남과 죽음의 방식이 각기 다르지만 숲 전체는 균형과 조화를 이룹니다. 자연은 다양한 개인들이, 여러 이질적인 사회가 함께 공존할 수 있는 원리를 이미 가지고 있습니다. 이렇게 생각한다면 억지로 세상에 나를 맞추려고 노력할 필요가 없습니다. 나 자신의 균형을 유지하는 것이 곧 세상과 조화를 이루는 일이기 때문입니다.

3. 자신을 '길들이는 법'

'작위'를 버리고 '무위자연'에 맞는 삶을 살아가는 것. 이는 노자의 사상을 뒷받침하는 중요한 개념인 '도(道)'에 대한 설명과 이어집니다. 노자가 말한 '도'란 무엇일까요.

> 뒤섞여 하나가 된 그것은
> 천지개벽 이전부터 존재했었다.
> 고요히 소리도 없이, 뿌옇게 형태도 없이
> 무엇에 의존하지 않고 무엇에 변하지도 않으며
> 만물에 고루 나타나 멈추는 때가 없다.
> 그것은 가히 이 세상을 창조하는 커다란 어머니이지만,
> 나는 그 이름조차 알지 못한다.
> 그저 이름을 도(道)라고 불러본다. 굳이 이름을 붙인다면 크다(大)고 하겠다.
> 이 커다란 것은 커다란 까닭에 움직이고
> 움직이면 까마득히 먼 곳까지 퍼지며
> 까마득히 먼 곳까지 퍼지면 또 근원으로 되돌아온다.•

• 노자, 『도덕경』 「제25장」 중에서

'도'를 서양에서 번역할 때 '에트버스(etwas)'라고 합니다. 에트버스는 독일어로 '어떤 것'이란 뜻입니다. 영어로는 'something'에 해당되겠죠. 도저히 이름을 붙이기 어려운 '무언가'입니다. 노자가 말한 '도'를 좀 더 쉽게 말하면 '길'이라고 하면 좋을 것입니다. 길이란 우리가 걸어 다니는 도로, 골목길 같은 그런 길입니다. 세상에는 길이 없는 곳이 없습니다. 모든 것이 눈으로 뒤덮인 벌판이라 해도 사람과 동물은 걸어갈 수 있고, 길을 낼 수 있습니다.

'길들이다'라는 말이 있습니다. 이 말을 언제 사용하는지 한번 생각해봅시다. 무언가 자연스럽게 되는 일에 '길들이다'라는 말을 씁니다. 이런 '길'과 같은 '도'를 가리켜 노자는 거대하다고 표현하고, 천지가 만들어지기 전부터 존재했다고 합니다.

도에 대한 노자의 설명은 우주와 생명의 생성 원리를 떠올리게 합니다. 인간은 이 원리를 탐구해온 존재입니다. 인간의 유전자를 연구하고, 우주의 탄생 과정을 탐구합니다. 그런 과학적 연구를 통해 인류가 깨닫는 것은 무엇일까요. 과학적 사실은 자연의 '이치'이며, 그것은 노자가 말한 '도'에 가깝습니다.

인류는 과학적 사실을 밝혀냄으로써 오류, 즉 '작위'에 빠지지 않게 됩니다. 인류가 자연의 '이치'를 몰랐을 때는 잘못된 시도를 합니다. 불과 몇 년 전까지 잘 시도되던 치료법이 잘못된 것이라는 게 하루아침에 드러나기도 합니다. 그러나 생명의 원리는 매우 정교하고 복잡합니다. 아무리 연구가 진행되어도 생명 현상을 둘러싼 수수께끼는 여전히 남아 있습니다. 여전히 우리 인간은 어떤 불가사의한 힘으로 '살아 있다'고 느낍니다.

오늘날 우리는 마치 현대 과학이 세상의 모든 비밀을 밝혀줄 것 같은 착각 속에 삽니다. 실제로 많은 비밀들이 밝혀지지만, 인간으로서 살아간다는 것은 각자에게 주어진 정체 모를 미션을 수행하는 일에 가깝습니다. 무엇보다 지식과 진실이 꼭 일치하는 것은 아닙니다. 현대 사회에서 우리가 잘 살아간다는 것은 '오류 없는 많은 지식'을 가지는 것이 아니라 그 수많은 지식으로 가려진 '진실'에 다가가는 일입니다. 그 진실에 다가가는 감각을 노자는 이야기하고 있습니다.

4. 한 개인은 우주적 존재다

노장사상은 끝없이 '자연과의 일치'를 강조합니다. 하루에 흙 한 번 밟지 않고도 살 수 있는 오늘날의 우리로서는 이 자연과의 일치가 중요하게 다가오지 않을 것입니다. 문명이 발달하기 전의 전근대적 사회에서나 가능한 주장이라고 생각할 수 있습니다. 평화로운 시기에나 어울리는 한가한 소리라 여길 수 있습니다.

그러나 노자와 장자가 살았던 춘추전국시대는 전쟁의 시대였습니다. 평화롭게 자연을 즐길 수 있는 시대가 아닙니다. 젊은이들이 먼저 죽음을 맞이했을 것이고, 가난한 사람들은 더 많이 굶주렸을 것입니다. 지도층들은 침략에 대비하는 일에, 혹은 반대로 침략하기 위한 일에 사회의 부와 자원을 집중했습니다.

이런 혼란의 시대에 온갖 사상들이 등장했다는 것도 흥미롭습니다. 춘추전국시대는 전쟁의 시기이기도 했지만, 수많은 사상가들이 등장하고 그들을 따르는 제자들이 넘쳐나던 시기였습니다. 이에 춘추전국시대를 제자백가(諸子百家)의 시대라고 합니다. 백 명의 스승이 있었다고 하는데 실제 기록에 남아 있는 제자백가의 사상가만 해도 무려 이백 명에 달한다고 합니다.

노자와 장자도 제자백가 중 한 사람입니다. 노자와 장자는 많은 사상가들이 내가 옳다고 생각하는 일을 고집하다 아집에 빠지는 경우를 수없이 보았을 것입니다. 누구나 자기 사상의 위대함을 이야기하지만 도리어 자기 논리의 허점에 갇히는 어리석음을 보았을 것입니다.

노자의 사상을 이어받은 장자는 논쟁을 잘하기로 유명한 사람이었습니다. 그가 논쟁을 즐겼던 것은 자신의 우월함을 증명하고 누군가를 이기기 위해서가 아니었습니다. 사람들이 가지고 있는 생각의 틀을 깨기 위한 방법으로 선택한 것이었습니다.

이런 점을 생각한다면 노장사상을 무조건적인 자연 예찬론으로 이해하는 것은 맞지 않습니다. 노장사상은 평범한 한 개인도 거대한 자연과의 일치됨을 추구하면 '도'를 깨칠 수 있다는 것에 가깝습니다. 나 자신을 도저히 그 크기를 가늠할 수 없는 자연, 우주와 연결된 존재로 생각한다면 집단이나 타인이 요구하는 어떤 작은 틀에 갇히지 않을 수 있습니다. 무엇보다 내가 나를 규정하는 작은 틀에서 벗어날 수 있습니다.

노자를 통해 우리는 스스로가 만들어놓은 '굴레'에서 벗어나는 법을 깨닫습니다. 많은 사람이 저마다의 굴레를 안고 삽니다. 성공과 성취를 위한 과도한 노력, 자신이 속한 집단만이 옳다는 믿음 같은 것이 굴레입니다. 그 굴레는 영원하지 않습니다. 모든 것이 태어나고 성장하고 쇠퇴하고 소멸하는 과정을 반복하는 자연의 세계에서 변하지 않는 것은 없습니다. 우리 또한 그 세계의 일원이라면 그와 같은 굴레에 집착할 이유가 없습니다.

생텍쥐페리의 『어린 왕자』라는 소설을 읽어본 적이 있을 겁니다. 프랑스 출신의 작가인 생텍쥐페리는 비행기 조종사이기도 했습니다. 『어린 왕자』에는 그가 거대한 사막 위와 바다 위를 날아다니는 경험을 통해 느낀 깨달음이 오롯이 투영되어 있습니다.

> 마음으로 봐야 제대로 볼 수 있어. 중요한 것은 눈에 보이지 않거든….•

『어린 왕자』에 나오는 유명한 대사입니다. 생텍쥐페리 역시 표현은 다르나 노자의 '도'와 비슷한 깨달음을 이야기합니다.

> "사람은 말이에요."
> 어린 왕자가 말했다.
> "급행열차에 몸을 싣지만 자신이 무엇을 찾으러 가는지는 알지 못해요. 그저 분주하게 제자리를 맴돌고 있을 뿐이에요…."
> 그리고 이렇게 덧붙였다.
> "쓸데없이 고생하는 거죠."•

안달복달하며 사는 것이 제자리에서 맴도는 일임을 깨닫는다 해도, 그렇다고 마냥 마음 편한 삶을 추구하는 것도 불안할 때가 있습니다. 생텍쥐페리는 이런 불안에 대해 이렇게 말합니다.

> 다른 별에서 온 존재라면 정말로 소중한 게 무엇인지 알아볼 거예요. 알아보지 못한다면 마음 아픈 일이죠. 하지만 그 계기는 정말 사소한, 마음의 해방에 있어요.•

마음의 편안함을 얻는다는 것은 노력하지 않거나 게으르다는 것이 아니라 제자리를 맴도는 삶에서 '해방되었다'는

• 생텍쥐페리, 『어린 왕자』 중에서

마음의 편안함을 얻는다는 것

제자리를 맴도는 삶에서 해방되는 것

의미입니다. 어린 왕자의 대사에서 노자가 말한 '물'의 비유가 다시 떠오릅니다. 물은 제자리에 머물지 않습니다. 조금의 높낮이만 있어도 위에서 아래로 흐르며 계속 움직이고 변화합니다. 마음의 해방은 나의 자연스러운 변화를 믿는 일과 같습니다.

5. 내 몸을 소중하게 여기기

끝으로 장자의 말을 살펴봅시다. 장자가 남긴 글 중 「제물론」에는 장자 사상의 핵심이 담겨 있습니다. 그 유명한 '나비의 꿈'도 바로 여기에 나오는 내용입니다. 장자의 「제물론」에는 큰 지혜와 작은 지혜에 대해 언급한 대목이 나옵니다.

> 큰 지혜는 너그럽지만 작은 지혜는 옹졸하다. 큰 말은 담백하지만 작은 말은 시끄럽다. (세상 사람이) 자는 동안에도 영혼은 세상일에 시달리고, 눈을 뜨면 몸은 세상을 향해 있어 불안정하다.
>
> 사람과 사귀는 일에 분쟁을 일으키고, 매일 싸움에 마음을 졸인다. 대범한 자도 있고, 뒤에 숨은 사람도 있으며, 인색한 사

람도 있다. 작은 일에는 벌벌 떨고 큰일에는 망연하다.•

우리는 하루에 몇 번씩 기뻐하기도 하고 슬퍼하기도 합니다. 화를 내고 울기도 합니다. 이처럼 갖가지 감정에 흔들리는 인간 존재의 나약함은 과연 어디에서 왔을까요. 세상은 매우 넓고 인간은 자연이라는 거대한 존재의 일원인데, 우리가 사람과 사람이 만들어내는 세계에만 매달리기 때문입니다.

사람이 만들어낸 세계에만 집착하게 되면 결국 '남들'에게 종속되는 삶을 살 수밖에 없습니다. 작은 일을 두고 다투게 됩니다. 나의 지혜도 점점 작아집니다. 오히려 사람이 만들어낸 세계 이상을 보는 사람들은 큰 지혜를 얻습니다. 큰 지혜를 얻으면 집단으로부터 자유롭고, 모두와 멀어지는 일이 벌어진다고 해도 두렵지 않습니다.

장자의 글은 노자와 달리 구체적인 비유가 많아서 재미있게 읽을 수 있습니다. 노자의 생각을 이어받아 더욱 발전시킨 장자의 조언은 구체적입니다. 신체에 대한 통찰도 그러합니다.

이 같은 마음 상태를 제외하면 내가 있을 수 없고 내가 없으면

이 같은 마음 상태도 나타나지 않는다. 이야말로 진실에 가깝다. 하지만 무엇이 이렇게 만드는지는 알지 못한다. 참된 주재자가 존재하는 듯하지만, 그 흔적은 결국 잡을 수 없다. (중략) 이 실체를 파악하기란 불가능하며, 작용은 하나 모습은 없다. 사람의 몸에는 백 개의 뼈, 아홉 개의 구멍, 여섯 개의 내장이 있다. 나는 특별히 그중 어떤 것을 편애하는 때가 있을까? 이것들을 전부 사랑한다고 말하는 것인가, 아니면 어느 것을 편애한다고 말하는 것인가.•

장자는 불안정한 마음 상태가 허상임을 알려줍니다. 내 마음과 몸의 주인은 결국 '나'입니다. 내가 주인인데 불안할 이유가 없습니다. 마음은 내 존재 전체에 깃들어 있습니다. 나라는 존재를 이루는 신체만 보아도 그렇습니다. 내 몸의 어느 부분이 중요한 나이고, 덜 중요한 나인가요.

우리 신체의 모든 기관은 연결되어 있고 서로 영향을 미칩니다. 귀에 느껴지는 통증이 고막의 이상이 아니라 사실은 간이 나빠서 생긴 것일 수도 있습니다. 나를 이루는 요소 중에 어느 하나 중하지 않은 것이 없고, 이것들에 우선순위를 매기는 것이 무의미합니다. 누군가와 몸을 바꾸는

• 장자, 『장자』 「제물론 제2장」 중에서

것도 불가능합니다. 내게 주어진 신체를 있는 그대로 받아들이듯이, 내 안에서 일어나는 마음의 상태도 있는 그대로 받아들인다면 혼란과 불안이 생기지 않습니다.

장자가 남긴 말 중에 자기 몸을 소중히 여길 것을 당부하는 대목이 있습니다.

> 일단 자기 몫의 몸을 받았다면 이 육체가 상하지 않게 소중히 여기고 생이 다하는 날을 기다리자. 무언가에 휘둘리거나 휩쓸리면서 날뛰는 말처럼 뛰어다니고 멈출 때를 모른다면, 정말이지 한심하지 않은가. 죽을 때까지 허덕거리면서도 그 보람도 없이 지쳐서 앞으로 무엇을 해야 할지 알지 못한다면, 이 얼마나 애처로운 일인가. 남들이 아직 괜찮다고 말해준들 그것이 무슨 대수인가. 육체가 쇠약해지면 덩달아 마음도 쇠약해진다. 참으로 애처롭기 그지없다. 인간의 삶이 이토록 암담하단 말인가. 아니면 나만 이렇고 암담하지 않은 이들도 있는 것일까.•

인간이란 존재는 무엇일까요. 어쩌면 '몸뚱이' 외에 나라고 말할 수 있는 것은 없을지도 모릅니다. 나의 정신은 나

• 장자, 『장자』 「제물론 제2장」 중에서

“내 몸의 어떤 것도 편애하지 않듯이
마음에 일어나는 모든 것도 그래야 한다.”

장자

의 육체와 관련되어 작용합니다. 프로이트가 말한 의식과 무의식의 세계도 그러합니다. 우리가 성장하는 과정에서 겪는 신체적 변화와 경험을 제외한, 마음만의 세계라는 것은 사실 존재하지 않습니다.

인간의 신체는 유한하고 나약합니다. 그 한계를 안다면 그릇된 방향에 이상한 힘을 쏟아가며 사는 것은 큰 낭비입니다. 남들의 요구에 부응하느라 허덕이는 것은 쓸데없는 일입니다. 그렇다면 우리는 어디에 힘을 쏟아야 하는 것일까요. 내 마음을 스승으로 삼는 법을 배워야 합니다. 장자는 이렇게 말합니다.

> 있는 그대로의 마음을 심지어 스승으로 삼는다면, 스승이 없는 사람이 있겠는가. 변화의 이치를 분별하여 스스로 깨닫는 자에게만 스승이 있는 것이 아니라, 어리석은 자에게도 스승이 있다. 있는 그대로의 마음에 따르지 않고 옳고 그름을 논하는 상황은 까마득히 먼 월(越)나라로 오늘 여행을 떠나 어제 도착한 상황이나 마찬가지다.•

장자의 말대로라면 내 안에는 나를 이끌 스승도, 나를 무

• 장자, 『장자』 「제물론 제2장」 중에서

너뜨릴 한심한 적도 함께 있습니다. 깊은 곳에 있는 내 마음과 솔직하게 마주할 때, 내 마음은 나에게 가장 좋은 스승이 되어줄 것입니다. 억지로 애를 써도 얻기 힘들었던 과거와 달리, 좋은 변화가 일어날 것입니다. 이것이 장자가 건네는 개인주의자들을 위한 조언입니다.

5장

자기혐오에서 벗어나고 싶다면

_몽테뉴의 '에세'와 파스칼의 '팡세'

1. 완전한 인간이란 없기에 누구나 완전하다

내가 원하지 않는 건 하지 않는다. 남들이 시키는 대로 하지 않는다. 많은 사람들이 자신이 이렇게 살고 있다고 생각합니다. 그렇다고 자동적으로 행복한 개인주의자로 살아지는 것은 아닙니다.

틀에 갇힌 삶은 싫지만 혼자 감당해야 하는 문제들이 버겁습니다. 좋은 그룹에 들어가면 훨씬 인정받는 삶을 살 것 같습니다. 하지만 그런 그룹에 들어가기에는 내 능력이 부족하다 느껴집니다. 집단에 들어가더라도 견디지 못하고 나오는 일이 반복되기도 합니다. 이런 과정을 겪다 보면 자신에 대해 혐오적인 태도가 생기기도 합니다.

행복한 개인주의자로 살려면 '인간이라는 존재'에 대한 긍정적 이해를 쌓아가야 합니다. 사람으로 태어났는데 사람에 대해 긍정하지 않는다면 불행하게 살아갈 수밖에 없습니다.

철학자들 중 특히 노자와 장자를 비롯한 동양 철학에는 평범한 개인에 대해 긍정하는 메시지가 깔려 있습니다. 인간은 자기 안에 문제에 대한 답을 이미 가지고 있다는 사유가 그것입니다. 한 개인 안에 우주의 이치가 숨어 있다는 동양적 사유는 서양 철학자들에게도 발견할 수 있습니다. 16세기 프랑스를 대표하는 사상가 미셸 드 몽테뉴는 이런 말을 남겼습니다.

> 나는 검소하고 광채 없는 생활을 드러내 보이지만, 그것이 무슨 상관이란 말인가. 인생에 관한 철학이란 풍요로운 실질이 따라오는 삶에도, 또 평범한 한 인간의 삶에도 해당하므로, 그것으로 족하다. 인간은 저마다 인간 존재의 온전한 형태를 갖추고 있다.•

•미셸 드 몽테뉴, 『몽테뉴 수상록』 「후회에 대하여」 중에서

몽테뉴의 저서 『수상록』에 나오는 말입니다. “인간은 저마다 인간 존재의 온전한 형태를 갖추고 있다”라는 문장이 특히 유명합니다. 인간은 모두 자신의 삶을 부족하다고 느낍니다. 큰 부와 명예를 가진 이들도 마찬가지입니다. 그들의 삶에도 부족한 부분이 없지 않습니다. 중요한 건 과연 어떤 삶이 완전한 형태인지는 그 누구도 모른다는 점입니다.

우리는 남들에게 좋은 모습으로 보여지길 바랍니다. 그런데 그 ‘좋은 모습’은 어떤 모습인가요. 생각해보면 남들에게 아주 대단한 사람으로 보여지길 바라는 건 아닙니다. 그럼에도 불구하고 ‘좋은 나’라는 어떤 이상향을 염두에 두고 있습니다. 이 이상향의 기준보다 떨어지는 모습을 보일까봐 고민하고 전전긍긍합니다.

그런데 몽테뉴는 각 개인의 개별적 삶은 그 자체로 온전하다고 말합니다. 자신있게 자신의 자연스러운 모습을 보여주라고 권합니다. 평범한 인간의 삶도 완전하다고 위로해주는 몽테뉴. 몽테뉴야말로 개인주의 철학의 시초라고 할 만합니다. 무엇보다 그의 글쓰기 방식이 이를 증명합니다.

흔히 『수상록』이라고 하는 몽테뉴 저서의 원래 제목은 ‘에세(Essais)’입니다. 문학 장르에서 개인의 생각과 경험을 자유롭게 써내려가는 글을 '에세이'라고 부르는데, 바로 이 '에세'에서 온 말입니다. 몽테뉴가 자신의 저서에 이 제목을 붙였을 때 '에세'는 글쓰기의 한 장르를 가리키는 말이 아니었습니다. '시험하다'라는 뜻을 가진 단어였다고 합니다.

몽테뉴는 이전의 사상가들이 쓰던 글쓰기로부터 벗어나 논문도 소설도 아닌, 떠오르는 대로 자기 생각을 표현하는 실험적 글쓰기를 보여주었습니다. 또한 당시의 문필가들이 라틴어로 글을 쓴 것에 반해 몽테뉴는 일반 시민들이 쓰는 프랑스어로 이 책을 썼습니다. 몽테뉴는 자신의 글쓰기 '에세'에 대해 이렇게 말합니다.

> 작가들은 자기 존재를 무언가 특별하고 색다른 특징으로 세상에 알리려 한다. 하지만 나는 문법가도, 시인도, 법률가도 아닌, 그야말로 인간 미셸 드 몽테뉴로서, 나라는 보편적 존재에 의해 자신을 드러내는 최초의 인간이다. 다른 사람이 내가 너무 나에 대해 말을 많이 한다고 불평한다면, 나는 반대로 '그들이야말로 자기 자신에 대해 생각조차 하지 않는 주제에'라고 말해주겠다.•

•미셸 드 몽테뉴, 『몽테뉴 수상록』 「후회에 대하여」 중에서

명쾌하고 시원한 문장입니다. 읽고 나면 기분이 좋아지는 문장입니다. 몽테뉴는 완전한 인간이란 원래 없다고 말하며, 자신이 남들보다 더 특별하다는 것을 증명하려는 모든 시도에 대해 선을 긋습니다. 동시에 자신을 마음껏 드러내는 작업에 대해서는 찬사를 보냅니다. 글이란 특별한 재능을 가진 지식인의 전유물이 아니라, 자신에 대해 생각할 줄 아는 사람이라면 누구나 쓸 수 있는 것이라고 선언합니다. 완전한 인간은 없기에 누구나 완전하다고 선언합니다.

몽테뉴는 스물넷에 보르도 고등법원 법관으로 임명되었습니다. 그가 이 시절에 만난 라 보에시는 평생의 친구였지만, 몽테뉴가 서른일 때 페스트로 사망합니다. 몇 년 뒤 아버지가, 뒤이어 남동생이 사망합니다. 본인도 낙마 사고로 죽을 뻔한 고비를 넘깁니다. 몽테뉴가 서른여덟 이른 나이에 은퇴한 이유는 인간에게 언제든 죽음이 닥칠 수 있다는 것을 느꼈기 때문입니다. 그의 서재에는 라 보에시에게서 받은 책과 자신이 소장한 책 천 권이 있었다고 합니다.

몽테뉴는 '자기만의 방'에 들어가 글을 쓰기 시작합니다. "확실한 자기만의 방을 마련하는 것은 매우 중요한 일이라 다른 일과 병행하기에 다소 벅찰 수 있다. 하지만 신이 우리에게 떠날 겨를을 주었으니 채비를 하자"라는 자신의 말을 실제로 실행했습니다.

2. 불행하다는 착각에서 벗어나기

몽테뉴를 개인주의 철학의 시초라고 말하는 건, 그의 글쓰기가 그 누구라도 자신에 대해 제대로 이야기한다면 인간의 보편적 진리에 도달할 수 있다는 확신을 보여주기 때문입니다. 즉, 인간이 나 자신에게 집중하는 일은 이기적이고 특수한 게 아니라는 의미입니다. 제대로 된 집중은 인간 삶의 여러 주제들에 대해 보편적인 깨달음을 준다는 것이지요.

몽테뉴가 "너 자신에 대해 말을 너무 한다"며 비난하는 이들에게 시원하게 날리는 말도 인상적입니다. "그러는 너야말로 자기 자신에 대해 생각조차 하지 않는다"라고 일갈합니다. 남을 품평하는 데에 몰두하는 사람들은 자신들의 품평에 대해서도 지나치게 신경을 씁니다. 품평이라는 것 자체가 주변 사람의 시선을 신경 쓰는 일입니다. 남의 시선만 신경 쓰다 자신의 장점을 도리어 퇴행시키는 어리석은 사람들이 너무 많습니다.

『미움받을 용기』라는 책이 있습니다. 정신분석가 아들러의 사상을 토대로 쓴 책입니다. 이 책이 많은 독자들에게 사랑받은 데에는 제목이 주는 매력이 컸다고 생각합니다.

아이든 어른이든 남들로부터 미움받지 않고 사랑받고 싶은 마음은 매한가지입니다. 그러다 타인의 시선에 사로잡히면 나의 행복은 줄어들고 삶의 기쁨을 느끼기 어렵습니다. 무엇보다 자신에 대한 믿음이 없기에 항상 불안합니다. 안정감이 없습니다. 몽테뉴도 유사한 말을 합니다.

> 깊은 기쁨에는 즐거움보다 심각함이 감춰져 있다. 가장 높고 충실한 만족감이란 마음이 들뜨기보다 오히려 안정되는 것이다.•

자신을 존중하는 법을 아는 사람들은 차원이 다른 기쁨을 느낍니다. 타인의 칭찬이나 인정처럼 곧 사라지는 종류의 기쁨과는 다릅니다.

몽테뉴가 말한 "심각함을 품고 있는 기쁨"의 의미를 좀 더 들여다봅시다. 몽테뉴의 이 말은 우리 인생에 좋은 일, 나쁜 일이 따로 없다는 것을 알려주는 듯합니다. 살아가면서 우리는 힘든 일을 겪습니다. 기분 나쁜 일도 경험합니다. 나쁜 일이고, 불행한 일입니다. 그러나 시간이 흐른 뒤 그 일이 도리어 인생의 다른 가능성을 열어주는 역할을 하기

• 미셸 드 몽테뉴, 『몽테뉴 수상록』 「우리는 순수한 것이라곤 아무것도 맛보지 못한다」 중에서

도 합니다. 당시에 겪었던 고통이 원숙한 안정감으로 내 안에 자리 잡습니다. 그 안정감은 절대 사라지지 않습니다.

이런 관점에서 본다면 행복해지는 길은 불행한 일을 겪지 않는 것이 아닙니다. 어떤 일을 겪든 자신을 존중하는 태도를 유지하는 것입니다. 스스로를 존중하는 방법을 아는 데에서 오는 깊은 만족감. 이를 아는 사람의 인생은 결국 행복해질 수밖에 없다고 몽테뉴는 말하고 있습니다.

본디 인생이란 무엇이 좋고 무엇이 나쁜 일인지 당장에는 알기 어렵습니다. 좋고 나쁨은 가치의 영역이 아니라 '인식'의 영역입니다. 똑같은 일도 어떻게 인식하느냐에 따라 누군가는 좋은 일이라 말하고 누군가는 나쁜 일이라 말합니다. 이 인식을 좀 더 거칠게 표현한다면 '착각'이라고 해도 좋을 것 같습니다. 나에게 일어난 어떤 사건을 '나쁜 일'이라고 인식하는 것은 '착각'일 수 있다는 말입니다.

좋고 나쁨이라 표현했지만 죄와 관련된 윤리적 문제를 말하는 것은 아닙니다. 그보다는 어떤 경험을 말합니다. 예를 들면 입시에 실패했다거나, 좋아하는 사람에게 고백했다가 거절당하는 등의 일을 말합니다. 그 경험이 정말 인생에서 나쁜 일인지는 그 시점에 결정되지 않습니다. 과거는 현재를 통해 규정되고, 미래에 어떤 일을 겪느냐에 따라 그 의미가 다시 바뀝니다. 이렇게 생각하면 우리가 흔히 말하는 '운명'이라는 것은 없다고 할 수 있습니다.

3. 운명은 필연이 아닌 자유다

현대 철학의 대표 주자로 스물여덟에 독일 본대학 교수로 임용된 천재 철학자 마르쿠스 가브리엘이 있습니다. 그가 주장하는 '신실재론(New Realism)'은 21세기 현대 철학의 새로운 방향을 제시했다는 점에서 세계적으로 주목을 받았습니다. 가브리엘은 자신에 대한 다큐멘터리에서 이런 말을 했습니다. "운명은 필연이 아니다. 자유다."

운명이라는 건 피하기 힘든 무언가처럼 느껴집니다. 내가 꼼짝할 수 없이 받아들여야 하는 어떤 것입니다. 나의 자유를 구속하는 것입니다. 그럼 이 운명과 반대에 있다고 느껴지는 자유의지는 어떻습니까. 자유의지란 외부적인 요소에 영향을 받지 않고, 자발적으로 자신의 생각과 행동을 결정할 수 있는 능력을 말합니다. 문제는 이 자유의지가 정말 '자유롭지' 않고, 한계가 있다는 것입니다.

마르쿠스 가브리엘은 사람들이 무엇인가를 자유롭게 결정했다고 생각할 때조차, 사실은 결정을 제약하는 요소들이 굉장히 많다고 말합니다. 어떤 결정에 관련된 요소들 중에 우리가 파악할 수 있는 부분은 극히 적습니다. 나머지 요소들에 대해서는 대부분 '모릅니다'. 그렇다면 우리가 살아가면서 자유롭게 선택했다고 하는 많은 일들은 사실 '알 수 없는 일'입니다. '운명적'입니다.

이렇게 생각하면 도리어 운명을 두려워할 필요가 없습니다. 운명 따위는 신경 쓰지 말고, 살아가면서 무엇에도 구애받지 않는 자유로운 정신을 추구하면 됩니다. 자기다운 선택을 끊임없이 반복해나가면 됩니다. 그렇게 살아가야 어쩔 수 없는 운명 또한 자유롭게 살아간 증거로 받아들일 수 있는 용기가 생깁니다.

운명, 자유 같은 이야기가 다소 복잡할 수 있습니다. 몽테뉴로 돌아옵시다. 몽테뉴의 글은 쉬운 편이지만, 사람들이 익숙하게 여기는 것들을 뒤집는 데에서 파격을 보여줍니다.

세상의 실제 사례나 습관을 더 순순히 따르게 하려면 정신을 더욱더 둔하게, 무디게 해야 한다. 정신을 더욱더 탁하고 흐릿하게 함으로써 이 지상의 혼란스러운 생활과 균형을 잡아야만 한다. 따라서 일을 추진하기에는 평범하고 느긋한 정신이 훨씬 어울리고, 이래야 일이 더 잘 풀린다.

요컨대 철학이라는 고상하고 정밀한 사고는 실천에 어울리지 않는다. 날카롭게 파고드는 예리한 정신이라든가 자유자재로 움직이는 빠른 머리 회전 등은 오히려 협상을 혼란스럽게 한다. 인간이 하는 일이므로 더욱더 대범하게 표면에서 다루고 그 대부분은 운명의 권리에 맡겨야만 한다.•

마르쿠스 가브리엘의 말과 비슷하게 몽테뉴는 인생의 많은 일을 "대부분은 운명의 권리에 맡겨야 한다"라고 말합니다. 몽테뉴의 명언 중에 "운명은 우리를 행복하게도 불행하게도 하지 않는다"라는 말이 있습니다. 살아가다 보면 모자란 사람, 분별없는 사람들이 승리하고 현명한 이들이 패배하는 경우가 꽤 있습니다.

이럴 경우, 당신은 본인 스스로를 어떤 사람의 자리에 둡니까. 인생에서 좋은 일만 있을 때 우리는 자신의 모자람을 생각하지 않습니다. 나의 노력에 대한 대가라고 생각합니

• 미셸 드 몽테뉴, 『몽테뉴 수상록』 「우리는 순수한 것이라곤 아무것도 맛보지 못한다」 중에서

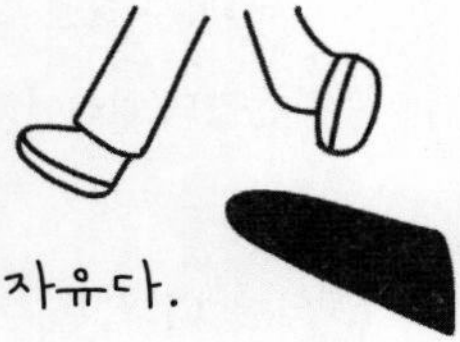

운명은 필연이 아닌 자유다.

다. 인생에서 나쁜 일이 있을 때에도 우리는 자신의 모자람을 생각하지 않습니다. 나의 노력에 대한 배신이라고 생각합니다.

그러나 그 어느 쪽이든 마음을 크게 둘 일이 아니라고 몽테뉴는 말하고 있습니다. 그가 『수상록』에서 인용한 이탈리아의 시인 마닐리우스는 운명에 대해 이런 설명을 더합니다. "훌륭한 이성을 가진 사람, 행운을 받을 자격이 있는 사람들에게만 운명이 미소 짓는 게 아니다. 운명은 구별 없이 내키는 대로 우리 사이를 돌아다닌다." 이는 받아들여야 할 진실입니다. 운명에게 이런 힘이 없다면, 운명을 운명이라 부를 수 없을 것입니다.

막강한 운명의 힘에 굴복하라는 게 아닙니다. 오히려 운명을 대수롭지 않게 보라는 것입니다. 아무리 피하려 해도 벌어질 수밖에 없는 일이 있습니다. 악한 이가 행운을 차지하는 일도 있습니다. 그런 일들은 '운명의 것'이라고 넘겨둡시다. 대신 인간으로서 할 수 있는 일을 합시다.

몽테뉴는 평범한 개인도 위대한 정신을 소유할 수 있고, 소유해야 한다고 생각했습니다. 그러기 위해서 "정신을 둔하게, 무디게 하라"고 말하고 있는 것입니다. 그렇지 않으면 우리는 '~해야만 한다'라는 온갖 상념에 시달릴지도 모릅니다. 경쟁에 내몰리고 그 경쟁에서 살아남기 위해 타인과 비슷해지라고 요구하는 동조압력에 순응하게 될 것입니다.

냉정하게 말해 여러분, 저, 그리고 대부분의 사람들이 살아가면서 할 수 있는 일은 많지 않습니다. 세상은 복잡하지만 인간은 그 복잡함을 다 감당할 수 없는 존재입니다. 미친 듯이 노력했다고 생각했는데, 정작 내 손으로 만들어낸 일은 하나도 없을 수도 있습니다.

이런 허망한 인생을 누구도 원하지 않겠지요. 모두 가치 있는 삶을 살고 싶어 합니다. 그러려면 남과 집단에게 휘둘리지 않고, 자신에게 집중하고 시야를 계속 넓혀나가야 합니다.

인간이 가진 위대한 능력은 바로 '자신에 대해 생각하기'입니다. 앞에서 불행과 행운은 따로 있는 것이 아니라 어떻게 '인식'하느냐의 문제라고 했습니다. 균형 있는 인식을 하려면 '내 생각을 내가 할 수 있는 자유'를 가져야 합니다. 현대 사회에서 개인주의자로 살아야 하는 이유는 생각할 '여유'를 뺏기지 않기 위해서입니다.

세상은 영원한 그네나 다름없다. 이곳에서는 모든 것이 끊임없이 흔들린다.•

몽테뉴는 이 세상을 흔들리는 그네에 비유했습니다. 태어나서 죽을 때까지 '끊임없이 흔들리는' 그네 위에서 살아가려면 깊이 몰두하는 '침잠(沈潛)', 자신을 깊이 성찰하는 '내성(內省)'의 힘이 필요합니다. 변화무쌍한 현대 사회에서 순발력으로 승부를 보는 것은 더 이상 시대의 덕목이 아닙니다. 혼자 시간을 보낼 줄 알며, 남들보다 늦더라도 더 큰 시야를 가질 수 있는 여유를 확보해야 합니다. 그래야만 오늘 겪은 불행을 내일의 행운으로 만들 수 있습니다.

4. 자신에게 의논한다는 행위

오늘날에도 많은 사람들이 몽테뉴의 가르침을 위로로 삼습니다. 몽테뉴야말로 노자가 말한 '내 마음을 스승으로 삼는 일'을 해낸 사람이기 때문입니다.

• 미셸 드 몽테뉴, 『몽테뉴 수상록』 「후회에 대하여」 중에서

> 여태까지 그 누구도 나처럼 자기 자신이라는 소재를 깊숙이 파헤친 적이 없었고, 자질구레한 부분에 이르기까지 꼼꼼하게 검토한 적도 없었다. 자신이 정한 목표에 나만큼 정확하게, 또 확실하게 도달한 인간은 없다. 이 목표를 달성하는 데에 필요한 것은 충실함뿐이다.•

'사소설'이라는 문학 장르가 있습니다. 자신의 경험을 허구화하지 않고 그대로의 모습으로 써내려가는 것입니다. 사소설을 지극히 개인적인 감상만 늘어놓는 소설이라 생각하는 이들도 있습니다. 다소 신변잡기에 가까운 소재를 다루는 작품들이 많기에 생긴 인식인데, 왜 이와 같은 장르가 생겼는가에 주목할 필요가 있습니다.

일본에서 사소설은 서양의 자연주의에서 영향을 받아 시작되었습니다. 가문, 지역, 국가 같은 집단주의와 신분제의 흔적이 강하던 시대에 개인은 탐구의 대상이 아니었습니다. 그러나 사소설에서는 오로지 '나'에 집중합니다. 1920년대부터 일본에서는 일기나 고백 같아 보이는 사소설 열풍이 일었고, 사소설은 일본 현대문학의 중요한 특징 중 하나로 자리잡았습니다.

•미셸 드 몽테뉴, 『몽테뉴 수상록』「후회에 대하여」 중에서

"세상은 영원히 흔들리는 그네와 같고
우리는 그 위에 타고 있다."

미셸 드 몽테뉴

그런데 왜 사람들은 사소설에 열광했을까요? 작가 본인이 자신을 드러내고자 하는 욕망은 이해가 가지만, 독자들은 왜 자신과 아무런 관련이 없는 타인의 개인적인 흔적을 읽고 좋아했던 것일까요. 금기된 소재와 적나라한 고백도 아닌, 평범하다 못해 지루하기까지 한 일상의 이야기를 왜 읽는 것일까요.

저는 작가가 자신의 내면 깊숙이 들어가, 최대한 성실하게 말을 고르려 끊임없이 노력한 결과로 작품이 완성되기 때문에 사람들이 사소설을 읽고 공감한다고 생각합니다. 보잘것없는 일상이어도 철저하게 개별 존재인 '나'를 탐구하는 과정에서 보편적인 '나'가 표현되는 것입니다.

몽테뉴의 '에세'는 사소설과 그 내용도 형식도 다르지만, '자신에게 의논하는 과정'의 기록이라는 면에서 공통점이 있습니다. 사실 우리가 하는 많은 결정은 상대방과의 토론이나 협상에 달려 있는 게 아니라, 내가 나와 대화하고 논의하는 데에 달려 있습니다. 이와 관련되어 기억나는 에피소드가 하나 있습니다.

오래전 저명한 미술계 인사에게 방송 연출을 급하게 부탁할 일이 생겼습니다. 무리한 부탁이었기에 연출 쪽에서는 마음이 다급하기 이를 데 없었습니다. 일단 그분을 만나

최선을 다해 설득했습니다. 긴장감이 맴도는 가운데 눈을 감고 가만히 우리 이야기를 듣고 있던 그가 눈을 가늘게 뜨더니 불쑥 이렇게 말했습니다.

"어떤 일을 받아들이기까지는 시간이 필요해요. 당신들이 이야기한 지 삼십 분도 지나지 않았잖아요? 잠시만 시간을 주세요. 지금 여러 방면으로 생각하고 있으니까요. 내가 거절해서 일이 원점으로 돌아가면 더 난처하지 않겠어요?"

우리 팀은 솔직하게 고개를 끄덕였습니다.

"조금만 더 기다려줘요. 앞으로 한 시간 반쯤 걸릴 거예요."

그동안 우리는 일과 관계없이 세상 돌아가는 이야기를 다양하게 나누면서 편하게 시간을 보냈습니다. 두 시간쯤 지나서 그가 말했습니다.

"뭔가 열의가 올라옵니다. 함께 작업하고 싶다는 마음이 드는군요."

두 시간 동안 우리가 나눈 이야기는 일과는 전혀 관련이 없었습니다. 그러나 다른 주제에 관해 함께 대화하면서 도리어 같이 일해야 하는 이유, 나도 하고 싶다는 열의를 발견하게 된 것입니다. 내면의 자신과 대화하면서 이 일을 해야 한다는 동의를 얻어내는 시간이었던 셈이지요. 그와 함께 작업한 결과는 당연히 성공적이었습니다. 덕분에 멋진 프로그램이 탄생했습니다.

그날 미팅에서 마지막으로 그가 한 말이 종종 떠오릅니다. "인간이란 머리로만 생각하면 아무래도 몸이 따라가지 않을 때가 있어요. 마음은 몸에 있으니까요. 머리에서 내려와 몸에 스며드는 시간이 필요하지요." 이후로도 조바심이 나서 머리로만 일을 추진하려 할 때면, 그의 말과 미소가 떠오릅니다. 몽테뉴의 글에도 이와 비슷한 이야기가 있습니다.

> 어떤 만족이든 나는 자신과 의논하고, 겉부분만 긁작거리는 행동 따위는 하지 않으며, 깊이 속을 떠본다. 그리고 음침하고 까다로워진 이성(理性)이 이것을 맞이하게 한다.
>
> 내가 어쩐지 안정된 상태라고 할까? 그리고 어떤 쾌락이 나를 부추겼다고 할까? 좋다. 그렇게 되었다면 나는 그 쾌락을 오로지 감각에만 맛보게 두지 않고 내 정신도 무리에 들어오게 하겠다.
>
> 하지만 그것은 정신을 여기에 빠져들게 하기 위해서가 아니라 즐기기 위해서이며, 쾌락에 자신을 잃기 위해서가 아니라

자신을 발견하기 위해서이다.•

몽테뉴의 이 글을 읽으면 '자신에게 의논한다'는 것이 어떻게 이루어지는지를 알 수 있습니다. '내가 내 속을 깊이 떠보는 것'입니다. 이는 이성적인 과정만은 아니고, 감각적인 과정도 동반됩니다. 반대로도 마찬가지입니다. 몽테뉴의 이 글은 앞서 언급한 미술계 인사의 말과도 닮았습니다.

돈 버는 일이니까, 상대가 너무 절실하게 부탁하니까…. 그런 이유로 하게 되는 일은 내 안의 다양한 능력들을 발동시킬 수도 없고, 더 나은 결과물을 만들어낼 수도 없습니다. 현대 사회에서 '나 중심으로 일한다'는 것은 나의 이성, 감각, 쾌락의 세 가지 요소를 포개어, 나는 물론 함께 일하는 타인에게도 보람되고 의미 있는 일을 만드는 방법을 뜻합니다.

•미셸 드 몽테뉴, 『몽테뉴 수상록』「경험에 대하여」 중에서

5. '자기혐오'로 나를 속이지 않는다

행복한 개인주의자가 되기 위해 멀리해야 하는 일이 하나 있습니다. 바로 '자기혐오'입니다. 주변에 자기혐오라는 단어를 자주 쓰거나, 자기혐오적 언행을 하는 사람이 있다면 잘 관찰해보십시오. 정말 스스로를 모자라다고 생각해서 자기혐오를 하는 게 아닌 경우가 많습니다. 무언가 조금이라도 자기 생각대로 되지 않았을 때 그 창피함을 감추려는 의도가 있습니다.

자기혐오의 뒷면에는 자기 모습을 이상적으로 여기는 마음이 있습니다. 자신이 적어도 이 정도는 해야 하는데 기준에 미치지 못하니, 그 차이 때문에 짜증이 나는 것입니다. 사람은 스스로 자신을 몰아붙일 때가 있습니다. 어떻게 해야 할까요. 자신에 대한 기대를 낮추라는 게 아닙니다. 이런 모습도 저런 모습도 전부 나라는 사실을 그대로 받아들이는 것을 두려워하지 말아야 합니다.

> 자기 존재를 올바르게 누릴 수 있다면 대부분 신과 같은 절대적 완성일 것이다. 우리는 제 본래 상태를 어떻게 사용할지 알지 못하는 까닭에 다른 존재를 찾으려 하고, 자신의 내면을

알지 못하는 까닭에 자신의 외면으로 나오려고 한다.•

"자신의 내면을 알지 못하는 까닭에 자신의 외면으로 나오려고 한다"라는 몽테뉴의 표현이 재미있습니다. 그리고 뒤이어 아주 재미있는 표현이 나옵니다.

> 죽마(竹馬)를 타도 아무 일도 일어나지 않는다. 죽마를 탔다고 해도 어쨌든 자기 발로 걸어가야만 한다. 아니, 세상에서 가장 높은 왕위에 올랐다고 해도 우리는 역시 자기 엉덩이 위에 앉을 수밖에 없다.•

이 글에 나오는 '죽마'란 발을 올려놓을 수 있게 발판을 댄 두 개의 긴 막대기를 말합니다. 이 막대기에 올라가 걸어 다니는 놀이를 하는 것입니다. 죽마를 타면 높은 위치에 올라간 것처럼 보이나 내 다리를 움직여야만 걸을 수 있다는 건 똑같습니다.

몽테뉴가 말하는 외면이라는 게 이런 것입니다. 죽마를 탔든, 남들이 우러러보는 왕좌에 앉았든, 결국 내가 나를 움직이는 삶을 살아야 합니다. 그런 점에서 죽마 아래에서 나

•미셸 드 몽테뉴, 『몽테뉴 수상록』「경험에 대하여」 중에서

를 우러러보는 사람들과 죽마를 탄 내가 본질적으로 다른 점이 없습니다. 그렇다면 나를 과도하게 평가할 일도, 그렇다고 과소평가할 일도 없습니다. 이것이 삶의 진실입니다. 이 진실을 알지 못하는 이들은 결국 '내'가 아닌 다른 존재의 허상을 추구하다 인생을 헛되이 버리게 됩니다.

어쩌면 자기혐오를 남발하는 사람들은 그나마 정직할지도 모릅니다. 자기 자신을 존중하지 않고 있다는 사실을 솔직하게 고백하고 있으니까요. 그에 비하면 수많은 사람들이 실제 자신과 자기 허상의 격차 사이에서 억지 행동을 저지릅니다. 그러다 자신의 인생만 망가뜨리는 게 아니라 타인의 인생도 망가뜨립니다.

6. 크 세주 : '나는 무엇을 아는가'라는 정신

개인주의의 출발점을 본격적으로 보여준 몽테뉴. 그는 프랑스 남부에 있는 몽테뉴성을 유산으로 물려받아, 그곳에서 칩거하며 자신의 사상을 기록합니다. 몽테뉴성의 정문에 "크 세주(Que sais-je)"라는 글귀가 새겨져 있습니다. 크 세주는 프랑스어로 '나는 무엇을 아는가'라는 뜻입니다.

몽테뉴의 사상은 이 한 문장으로 설명되기도 합니다. 항상 자신에게 질문을 던지는 자세를 표명하는 말입니다. 나라는 존재가 알고 있는 것을 절대적으로 맹신하지 않는 겸손함을 보여줍니다. 이 말 앞에 그리스 철학의 아버지 소크라테스가 떠오릅니다. 소크라테스는 "무지(無知)의 지"를 말했습니다. 자신이 알지 못한다는 것을 알라는 뜻입니다.

"나는 모든 일에 대한 끔찍한 무지 속에 있다"라는 말을 남긴 사상가가 있습니다. 프랑스의 과학자이자 철학자, 종교학자인 블레즈 파스칼입니다. 파스칼은 몽테뉴 다음 시대에 활약한 지성입니다. 세대가 달랐기에 직접 대면한 적은 없었지만 파스칼의 저서에는 몽테뉴를 상대로 퍼부은 공격적인 내용들이 있습니다. 그러나 파스칼은 몽테뉴의 사상을 마냥 거부한 것이 아니라, 영향도 많이 받았습니다.

몽테뉴가 인간 존재를 긍정했다면 파스칼은 인간이 가진 상반된 면을 드러내고자 했습니다. 몽테뉴가 인간은 결함이 많은 존재이지만 자신에 대한 탐구를 통해 더 나은 삶을 살아갈 수 있다고 믿은 반면, 파스칼은 인간의 삶 자체가 가진 결함을 해결하기 위해서는 절대자가 필요하다고 생각했습니다.

파스칼의 사상은 저서 『팡세』에 오롯이 담겨 있습니다. 이 책은 파스칼이 생전에 남긴 원고들을 사후에 편집해서 출간한 것으로, 인간학부터 신학까지 다양한 주제를 다루고 있습니다. 여기에서 파스칼은 인간의 본질적 특성에 대해 다음과 같이 말합니다. 정말 신랄한 평가입니다.

> 우리는 우리 안에 그리고 우리 고유의 존재 안에 지니고 있는 삶에 만족하지 않는다. 우리는 타인의 관념 속에서 하나의 상징적 삶을 살기를 바라고 이것을 위해 그럴듯하게 보이려고 노력한다. (중략) 우리는 용감하다는 명성을 얻기 위해서라면 기꺼이 겁쟁이라도 될 것이다.•

파스칼에게 인간은 저속하기도 하고 위대하기도 합니다. 자기 안에 선함을 이룰 수 있는 본성이 있다는 점을 사랑해야 하지만, 자기 안에 있는 저속한 점은 경멸해야 한다고 말합니다.

그는 인간의 생각하는 정신에는 '기하학적 정신'과 '섬세한 정신' 두 가지가 있다고 여겼습니다. 이성으로 논리적 사고를 하는 기하학적 정신과 마음의 움직임을 직감하는 섬

•블레즈 파스칼, 『팡세』 중에서

“인간은 자신의 고유함에 만족하기보다
타인의 관념 속에서 살기를 바라는 존재다.”

블레즈 파스칼

세한 정신, 이 두 가지 정신 덕분에 삶을 받아들일 수 있다고 생각했습니다. 이 같은 생각은 그의 인생 전체를 상징하는 듯합니다.

파스칼은 뛰어난 천재 수학자이기도 했습니다. 수학사에 중요한 파스칼의 삼각형과 파스칼의 정리를 발견하고 증명했을 때 그는 고작 십 대였습니다. 열넷에 프랑스 수학자 단체에 정기적으로 참가했고, 스물두 살에 아버지의 일을 돕기 위해 기계식 수동 계산기를 발명했습니다. 도박의 판돈을 공정하게 나눌 해법을 찾아달라는 말에 확률이라는 개념을 도입하기도 했습니다. 이제는 인류 모두가 확률적 사고를 하지만 파스칼 이전에는 이와 같은 사고가 없었습니다.

파스칼은 동시에 종교학자이기도 했습니다. 그는 신의 존재를 논리적으로 검증하는 일이 무의미하다고 생각했습니다.

> '신은 있는가 혹은 없는가.' (중략) 어느 쪽에 당신은 걸겠는가. (중략) 옳은 것은 전혀 걸지 않는 것이다. 그렇다 그러나 걸지 않을 수 없다. 이것은 마음대로 할 수 있는 일이 아니다.

당신은 이미 배에 올라타 있는 것이다.*

파스칼은 인간이 태어난 이상 주어진 삶을 살아갈 수밖에 없듯이, 신이라는 존재도 그와 같다고 생각했습니다. 신의 존재를 설명하는 파스칼의 놀라운 점은, 그의 종교학이 인간의 본질에 대한 진지한 탐구를 이루어냈다는 것입니다. 이 점에서는 몽테뉴와 유사합니다.

완벽함을 추구하다 도리어 자기혐오에 빠지기 쉬운 이들에게 몽테뉴와 파스칼의 철학이 주는 위안은 이것이라고 생각됩니다. 인간은 모두 모순적입니다. 완벽한 사람이란 없습니다. 세상이 다 존경하는 위인의 위대한 행동 또한 어쩌면 '남의 눈치를 보는 일'에 불과할 수도 있습니다. 그러니 자기 비하에 빠지지 마십시오. 인간은 무언가를 '모르는 존재'이자 생각하는 갈대이지만, 그렇기에 위대한 일도 해낼 수 있는 가능성도 갖고 있는 것입니다.

---

* 블레즈 파스칼, 『팡세』 중에서

6장

'나'를 통제할 수 없다고 느껴진다면

_불교의 선(禪)과 무아(無我)

1. 단 5분이라도 나를 멈출 수 있는가

애플의 창업주이자 아이폰 개발자인 스티브 잡스는 현대인의 롤모델로 꼽힙니다. 잡스가 선불교의 영향을 받아 명상을 즐겼다는 사실은 널리 알려져 있습니다. 미국에 선불교를 전파한 대표적인 사람은 스즈키 순류로, 젊은 시절 스티브 잡스는 그가 샌프란시스코에 세운 '타사하라 선(禪) 센터'를 다니면서 명상의 매력에 빠졌다고 합니다.

이미 이십 대에 억만장자가 된 잡스가 가장 원했던 것은 무엇이었을까요. 자신의 집중 능력을 최대한으로 유지하고

자 했습니다. 그 방법 중 하나로 명상을 선호했고, 명상만이 아니라 금식을 통해 정신을 극한까지 맑게 하는 일도 종종 했다고 합니다. 세계적인 전기 전문 작가인 월터 아이작슨이 쓴 스티브 잡스 평전을 보면 말년에 암으로 고생하면서 영양 공급을 제대로 해야 함에도 불구하고 많이 먹지 않으려는 잡스의 성향 때문에 가족들이 애를 먹었다는 이야기가 나옵니다.

잡스가 선불교에 깊이 심취했었다는 주장은 다소 과장된 것이지만, 극한의 간결함과 직관성을 강조했던 애플의 정신과 선불교의 마음 수행은 유사한 점이 많습니다.

오늘날 명상, 참선 등에 대한 관심이 점점 높아지고 있습니다. 각 개인을 누르는 온갖 압력과 부담으로부터 벗어나고 싶다는 마음이 가장 클 것입니다. 그 압력 중 가장 큰 것은 아마 타인의 요구가 아닐까요. 잡스는 스탠퍼드대학 졸업식 연설에서 이렇게 말했습니다. "타인의 견해라는 소음이 여러분 내면의 목소리를 덮어버리지 못하게 하십시오. 마음과 직관은 여러분이 되고 싶어 하는 바를 이미 알고 있습니다."

마음을 다스리는 수행법을 선(禪)이라고 합니다. 불교 종파 중 선종에서 중요시하는 방법입니다. 마음의 수행을 통해서 깨달음의 경지에 이른다고 생각하는 이들이 있습니다. 참선 등의 수행을 통해 얻게 되는 황홀경 같은 독특한 경험이 있습니다. 그러나 그 경험을 곧 깨달음이라고 하기는 어렵습니다. 불교에서 말하는 깨달음은 이와 같은 마음 수행으로 얻어지는 평안함과는 다소 다릅니다. 깨달음은 삶의 어떤 진리를 받아들이는 것이고, 선은 그 깨달음을 얻기 위한 과정 중 하나입니다.

살아가면서 마음 수행의 시간을 갖는 게 쉽지는 않습니다. 밥 먹을 시간도 없이 바쁜 와중에 마음먹고 템플 스테이라도 가지 않는 이상, 명상의 시간을 갖는다는 것은 현실적으로 힘듭니다. 그러나 사실 그리 어렵지는 않습니다. 대단한 일도 아닙니다. 단 오 분이라도 조용한 곳에 홀로 앉아 멈춤의 시간을 가져보면 바로 어떤 변화를 느낄 수 있습니다.

불교에 '입정(入定)'이라는 게 있습니다. 고요함의 세계로 들어가는 것을 말합니다. 부처의 말을 듣는 시간을 법문이라고 하는데, 절에서는 법문을 듣기 전에 입정의 시간을 갖습니다. 죽비를 치거나 목탁 치는 소리를 신호로, 앉아서 눈을 감고 침묵의 시간을 가지는 것입니다.

그 입정처럼 오 분만 고요함의 시간을 가져도 생각과 느낌이 굉장히 많이 바뀌는 경험을 할 수 있습니다. 방금 전까지 세상이 다 망한 것처럼 느껴지던 감정이 가라앉습니다. 다시는 얼굴을 마주하고 싶지 않을 정도로 미운 사람에 대한 생각이 달라지기도 합니다. 오 분만 동작을 멈추고 가만히 뭔가를 바라보고 있었는데, 새로운 아이디어가 떠오르기도 합니다. 이는 우리가 '스스로를 통제하고 생각할 수 있는 오 분'을 가지지도 못할 정도로 약해져 있다는 것을 반증하기도 합니다.

불교에 '열반'이라는 말이 있습니다. 산스크리트어로 '니르바나'라고도 하는데, 지나친 집착을 끊어낸 상태를 말합니다. 속에서 불이 타고 있는 것 같은 감정을 느낄 때가 있을 것입니다. 그런 마음의 불길이 꺼지는 상태를 말합니다. 불교에서는 그 마음의 불길이 내가 무엇인가를 욕망하고 집착하는 데에서 왔다고 말합니다.

'난 원하는 게 별로 없어, 집착이 강한 사람도 아니야.' 이렇게 생각하는 사람들도 있을 것입니다. 그러나 살아가다 보면 고통스럽게 느껴지는 일이 분명 있습니다. 원하는 만큼 좋은 평가를 받지 못합니다. 사랑하는 사람에게 이별을 통보받기도 합니다. 이런 일들을 들여다보면 내가 원하는 욕망이 있고, 그 욕망에 내가 헛되게 집착하고 있음을 발견하게 됩니다.

집착을 끊어내라는 건 내가 행복해지려고 노력하는 일을 그만두라는 게 아닙니다. 살아가는 동안 가지게 되는 나쁜 욕망과 나쁜 집착을 없애기 위해 노력하라는 뜻입니다. 나쁜 집착에 매어 있으면서 행복해질 수 있는 방법은 없습니다. 이렇게 이해하면 마음의 불길이 꺼진 열반이란 상태는 소극적인 행복에 가깝습니다. 그렇다면 적극적인 의미의 행복은 무엇일까요. 불교 철학에서는 '참된 나란 없다'라는 '무아(無我)'를 깨달아야 한다고 말합니다.

2. '참다운 나'라는 건 존재하지 않는다

현대 심리학을 비롯하여 '진정한 나'를 찾으라는 메시지가 너무 남발되고 있습니다. 많은 사람들이 심리 상담을 '참된 나'를 찾는 일이라고 오해합니다. 그러나 오히려 이런 행위야말로 자아를 취약하게 만듭니다. 혼자 자기 삶을 뚜벅뚜벅 잘 살아가기 위해 불교의 '무아' 개념을 배워야 하는 이유가 바로 여기에 있습니다.

진정한 내가 있고, 이를 찾지 않으면 불행해진다는 생각은 여러 오해를 낳습니다. 그중 가장 큰 오해는 '고유한 나'가 존재하며, 그게 바로 나의 '마음'이라는 것입니다. 우선 '마음'을 너무 중요하게 여기는 문제를 살펴봅시다.

마음이란 도대체 무엇일까요? 육체와 분리된 온전한 마음이라는 게 존재 가능한 것인가요? 외부 세계와 완전하게 분리된 나만의 마음이라는 건 있을 수 있나요? 십 년 전에도 있었고, 십 년 후에도 있을 '나의 마음'이라는 게 존재할 수 있나요?

두 번째로 '고유한 나'에 대해서도 생각해봅시다. 우리는 앞에서 '모든 것은 변한다'라는 진리를 증명한 철학자들을 만났습니다. 모든 것이 변한다는 진리의 핵심은 바로 '나는 수많은 세계의 영향을 받는 존재'라는 것입니다. 모든 것은 변한다는 말은, 결국 다른 존재와 연결되지 않은 나란 없다는 것입니다. 그렇다면 고유한 나란 애초에 존재할 수가 없습니다.

이렇게 반론을 펼칠 수도 있겠습니다. 어떻게 '나'라는 존재가 없을 수 있습니까. 예를 들어 친구와 나는 분명히 다른 사람입니다. '나'라는 게 없다면 이 둘은 어떻게 구분합니까? A라는 사람과 B라는 사람을 우리가 구분한다는 건, 각자가 가진 고유한 성질이 있기 때문이라는 주장입니다. 그러나 구분된다고 하여 본질이 정해져 있는 건 아닙니다. 우리는 무엇과 무엇이 다르다는 걸 구분할 수 있습니다. 사람마다 사물마다 개성이 있습니다. 그러나 그것이 '고유한 어떤 것'은 아닙니다.

빈 그릇을 생각해봅시다. 그릇이 다른 사물들과 구별되는 고유한 성질은 무엇일까요? 오목한 모양이라고 해봅시다. 그러면 오목한 모양을 가진 물건들은 모두 다 그릇일까요. 무엇인가를 담을 수 있는 기능이라고 할 수도 있습니다. 그러면 만약 그릇 안에 음식이 아닌 쓰레기가 담겨도 그것은 그릇입니까?

질문을 하나 더 해볼까요? 만약 무엇인가를 담는 것이 그릇이라고 한다고 해도, 그 담는다는 일을 가능하게 하는 건 무엇입니까. 물건이 닿는 그릇의 딱딱한 부분입니까. 아니면 그릇 가운데 있는 빈 공간입니까. 이 그릇의 비유는 보통 노자의 '도'란 무엇인지를 설명할 때 드는 예시지만, 불교의 '무아'의 사상과도 이어집니다.

그릇이라는 물건 하나를 놓고 봐도 그릇만의 '고유함'을 설명하기 힘든데, 하물며 인간은 어떨까요. 결국 '고유한 나'라는 건 없다는 생각에 이르게 될 것입니다. '나'라는 건 없다. 즉, 불교의 '무아' 사상입니다.

고유한 나란 존재하지 않는다는 깨달음을 다른 측면에서 설명할 수도 있습니다. 앞에서 에리히 프롬이 말한 '모순된 존재'가 그것입니다. 에리히 프롬은 '인간은 동물인가 아닌가'라는 질문을 던졌습니다. 이 질문에 대해 인간은 동물적 본능과 이성적 존재로서의 측면을 모두 가지고 있고, 모순된 존재라고 말했습니다. 또한 이 모순으로 인해 일어나는 갈등을 해결하려고 하는 존재라고 이야기한 바 있습니다.

프롬과 유사한 말을 한 사람이 있습니다. 바로 선불교 철학자 니시다 기타로입니다. 그는 '절대 모순적 자기 동일'이라는 개념을 사용하여 다음과 같은 말을 남겼습니다.

> 동물에서 인간으로 진화했다고 해서 인간이 동물이 아닌 것은 아니다. (중략) 다만 인간은 만들어진 동물에서 만드는 동물이라는 역사적 생명의 극치에 서는 동물이다. (중략) 여기에서 인간은 절대 모순적 자기 동일과 마주한다. 신을 향해 선다고 말할 수 있다.•

•니시다 기타로, 『일본 문화의 문제』 중에서

니시다 기타로와 친구 사이이자 서구에 영향을 많이 미쳤던 선불교 철학자, 스즈키 다이세쓰는 인간 성질의 모순성을 이렇게 말합니다.

> 인간의 세계라고 말해도 좋고, 인간의 성질이라 말해도 뭐라 말해도 괜찮지만, 아무래도 모순이 있습니다. 충돌만 하고 있다는 사실을 깨닫게 되는 것입니다. 그래서 결국은 이와 같은 결론을 내렸습니다.
> 이 충돌이라고 할까, 모순이라고 할까, 이것이 곧 인생이다. 인생이라든가 인간성이 모순되었다기보다는 모순 그 자체가 인간성이다. 인간 세계이다. (중략) 모순 그 자체가 이 세상의 모습이라고 생각하면, 오히려 마음 편한 일은 존재하지 않거나 알지 못한다는 생각이 듭니다.•

인간의 모순성을 말하는 선불교의 철학이 현대인들에게 전하고 싶었던 메시지는 애초에 '이 세계의 모습', 그리고 '나'가 정해진 게 없는 모순덩어리 그 자체라고 생각하면 화낼 일도 슬퍼할 일도 없다는 것입니다. 이런 관점에서 보면 선불교의 마음 수행법은 '나'라는 모순된 존재, 모순된

•스즈키 다이세쓰, 『한 선자(禪者)의 사색』 중에서

세계를 받아들여 '참된 나, 완전한 나, 오롯한 나'에 대한 집착을 끊어내고 평정심을 가지는 일입니다.

왜 선불교의 철학은 모순투성이 인간에 대해 강조했을까요. 그래야만 '지금, 이 순간을 있는 그대로 살아가는' 감각을 얻게 될 수 있기 때문입니다. 기타로, 다이세쓰를 비롯한 일본의 선불교 철학자들이 제2차 세계대전 당시 식민지 침략 전쟁을 옹호했다는 비판이 있습니다. 이에 대한 반성의 목소리가 나온 바도 있습니다.

그런 문제를 안고 있는 이들의 철학은 전쟁 이후 피폐화된 서구 사회에 영향을 미치기도 했습니다. 미국 심리학의 아버지로 불리는 윌리엄 제임스를 비롯, 특히 에리히 프롬은 스즈키 다이세쓰의 영향을 많이 받았습니다. 프롬과 다이세쓰는 『인간은 우월한가』라는 책을 함께 쓰기도 했습니다.

3. 기계를 사용할 때 생겨나는 마음이 있다

선불교의 철학이 서구 사회에 영향을 미친 데에는 또 다른 이유가 있었습니다. 2차 세계대전 이후 급속하게 기술과 기계 문명이 발달하면서 서구 사회가 여러 부작용을 겪었기 때문입니다. 많은 철학자들이 이 부작용에서 벗어나는 데에 선 철학이 도움이 될 것이라 생각했습니다.

선 철학은 기술과 기계 문명의 어떤 점을 우려했을까요. 다이세쓰는 장자의 철학을 인용합니다. 『장자』에는 도르래를 사용하지 않는 농부의 이야기가 나옵니다. 장자가 어느 마을을 지나가던 때였습니다. 깊은 우물에서 물을 길어 밭에 물을 주고 있는 노인을 보았습니다. 장자는 힘들게 일하는 늙은 농부에게 이렇게 말합니다. "우물 위에 나무를 걸치고 도르래를 장치해 두레박을 사용하면 쉽게 많은 물을 얻을 수 있지 않겠습니까." 그러자 그 농부는 이렇게 말합니다. "기계를 사용하는 자의 마음에는 도(道)가 실리지 않습니다."

장자의 이 이야기는 여러 통찰을 줍니다. 우선 '농사짓는 일'의 본질이 무엇인지를 생각하게 합니다. 농부에게는 농부의 도가 있고, 어부에게는 어부의 도가 있을 것입니다. 자신이 공을 들여가며 소중하게 가꾼 농작물이기에, 사람에게 더 이로운 먹거리로 키워야겠다는 생각이 있을 것입니다. 공들여 키웠기에 더 귀하게 여깁니다. 그러나 쉽게 키운 것은 함부로 다루게 됩니다. 마구 사용하고 필요하지 않은 것도 소비하게 됩니다.

또한 편리한 기술의 등장은 자연을 손쉽게 파괴하는 일로 이어질 것이고, 결국 인간이 스스로를 파괴하는 길로 이어질 것입니다. 장자의 염려는 오늘날 현대 인류가 처해 있는 생태적 위기의 시작이기도 합니다.

장자의 이야기를 좀 더 발전시키면, 기계를 사용할 때 생기는 마음이 있다고 할 수 있을 것입니다. 힘을 덜 들이면서 공을 많이 세우려는 마음가짐일 것입니다. 이런 마음이 커지면 어떤 부작용이 생기게 될까요. '성과'의 가치가 오히려 가벼워집니다. 노력한 것 이상으로 바라는 마음이 커져서 항상 불만족스러운 상태가 됩니다.

또한 기계 사용으로 인간이 가진 어려움을 해결하는 것을 넘어, 사물 자체에 오히려 인간이 종속되는 사태로 번질 수도 있습니다. 오늘날 우리는 전 세계 어디서나 스물네 시간 일할 수 있는 환경에 처해 있습니다. 이를 가능하게 해주는 것은 바로 '기계'입니다. 스마트폰, 노트북 등을 비롯한 각종 도구를 통해 항상 뭔가를 하고 있습니다. 비싼 기기를 사서 잘 사용하고 있는데, 얼마 지나지 않아 더 높은 사양을 가진 기기가 등장합니다. 또다시 비싼 돈을 들여서 새로운 기기를 삽니다.

나는 과연 이런 기기들을 내 삶의 가치를 더 높이는 데에 잘 사용하고 있는가. 나를 더 자유롭고 창조적으로 만드는가. 기계와 기술이 만들어낸 세계에서 정말 나는 재미있게 놀고 있는 것일까. 오히려 나의 개성을 죽이고, 스스로가 아닌 기계를 위해 내 시간을 쓰고 있는 건 아닐까. '선'의 철학을 통해 기계화된 나를 멈추고 찬찬히 생각해볼 때입니다.

기계를 사용할 때 생기는 마음의 의미를 더 넓혀서 생각해봅시다. 오늘날 우리는 모든 것을 알 수 있어야 하고, 이해해야만 한다는 생각에 사로잡혀 있습니다. 데이터와 과학 기술이 우리에게 심어준 인식입니다. 세상의 모든 일을 반드시 완벽하게 이해해야만 속이 후련하다고 하는 사람들이 있습니다. 단언컨대 그런 사고를 가지면 가질수록 세상이 더 복잡하게 느껴지고 답답할 것입니다. 모든 것이 연결되고 끝없이 변화하는 세상에서 완벽한 이해란 불가능하기 때문입니다.

4. 나는 정말 생각하기에 존재할까?

불교 철학의 관점에서 보면 참다운 나라는 것은 존재하지 않는다고 했습니다. 이 '무아'의 깨달음은 온 세계가 서로 연결되어 영향을 미치며 끝없이 변화한다는 진리에 기반하고 있습니다. 이는 지극히 논리적이면서도 비논리적인 가르침입니다. 그 무엇도 스스로 존재할 수 없기 때문에 '본질'이 없다는 것은 논리적인 가르침입니다. 그러나 나를 변화시키는 원인이 무엇인지, 그리고 그 변화의 결과가 무엇인지 정확하게 예측할 수 없다는 점에서 비논리적이기도 합니다.

서구 철학자들은 불교 철학의 이러한 가르침이 서구의 이원론적 세계관의 한계를 극복해줄 것이라고 생각했습니다. 이원론이란 서로 대립되는 두 개의 원리나 원인으로 사물을 설명하려는 사고를 말합니다. 이원론의 대표적인 사고방식이 '선과 악'입니다. 정신과 물질, 음과 양, 영혼과 몸, 창조자와 피조물 등이 이원론적 사고방식입니다.

이원론은 서구 철학의 근간을 이뤄왔습니다. 17세기 데카르트의 철학이 대표적이라 할 수 있습니다. 데카르트는 세상이 비물질적인 것과 물질적인 것으로 나뉘어서 존재한다고 생각했습니다. 인간의 정신과 육체는 완전히 다르며, 인간의 본질은 정신에 있다고 보았습니다. "나는 생각한다. 고로 존재한다"라는 데카르트 철학의 제1명제가 이를 단적으로 보여줍니다.

데카르트가 이원론을 주장한 것은 인간이 가진 이성의 힘을 강조하기 위함이었습니다. 이는 신의 시대에서 인간의 시대로 나아가는 과정을 이끌었던 강력한 명제였습니다. 동시에 '영혼'의 존재를 인정하기 위한 철학이기도 했습니다. 정신과 육체가 완전히 다르다고 받아들이면, 인간의 정신이 육체를 떠나서도 존재할 수 있다는 것을 믿을 수 있기 때문입니다.

오늘날 영혼의 존재는 부정당하기 쉽습니다. 과연 정신에 해당하는 사람의 마음과 의식은 어디에 있을까요. 현대 뇌과학은 이미 인간이 느끼는 감정, 생각, 판단 등 모든 것이 뇌의 작용일 뿐이라는 것을 증명했습니다. 극단적으로 한 개인의 운명은 뇌에서 일어나는 호르몬의 작용에 좌우된다고 말할 수도 있을 것입니다.

그러나 내 삶이 뇌의 작용일 뿐이라는 사실을 이해한다고 해도, 삶을 잘 살아가는 방법을 알 수 있는 것은 아닙니다. 무엇인가를 '시원하게 알게 되었다'는 느낌도 들지 않습니다. 인공지능 연구의 최전선에는 여전히 '마음은 어디에 있는가?'라는 해묵은 질문이 놓여 있습니다.

결국 이원론적 사고도, 과학적 설명도, 우리의 마음과 의식을 이해하는 데 있어 한계를 드러냅니다. 마음이 물리적 존재인 뇌 속에 있다고 단언하기도 힘들지만, 실체가 없는 정신이라는 영역에 있다고 말하기도 어렵습니다. 어느 쪽에 존재한다고 결정하려는 시점에서부터 마음과 의식의 본질을 놓치게 되는 셈입니다.

서구의 이원론을 부수는 시도들도 있었습니다. 대표적인 인물이 20세기 후반에 전 세계에 지대한 영향을 끼쳤던 프랑스 철학자 자크 데리다입니다. 데리다는 프랑스의 식민지였던 아프리카 알제리에서 태어났습니다. 프랑스가 독일 나치에 점령당하자 알제리에도 유대인 차별 정책이 시행됩니다. 이에 유대인이었던 데리다는 열두 살에 중등학교에서 유대인 학생이라는 이유로 쫓겨나게 됩니다. 이로 인해 방황도 했습니다. 이후 파리에 있는 고등학교로 진학했고, 두 번의 낙방 끝에 겨우 서른 명을 뽑는 고등사범학교에 합격합니다.

이후 데리다는 저명한 철학자로 명성을 쌓아갑니다. 특히 그의 사상은 미국에서 큰 환영을 받았습니다. 1975년 프랑스에 우파 정부가 들어서고, 고등학생들의 철학 수업을 필수 과목이 아닌 선택 과목으로 바꾸려는 정책을 펼칩니다. 데리다는 이에 맞서는 활동에 적극 나섰고, 그의 노력으로 이 정책은 시행되지 못합니다. 이후 왕성한 활동을 펼치며 1990년대 세계 지성계를 흔들었던 데리다는 2004년 췌장암으로 일흔넷의 나이에 사망합니다.

데리다는 서구 중심주의, 언어 중심주의, 이성 중심주의를 비판했습니다. 중심과 주변을 나누는 사고에서 벗어나야 한다고 주장했습니다. 데리다의 철학은 우리가 쉽게 '실재'한다고 믿는 것들도 모두 의심하게 합니다.

한 예로 데리다는 이런 질문을 던집니다. '어머니'라는 존재는 무엇인가. 어머니가 실제로 옆에 있을 때 어머니의 존재를 더 강하게 느끼는가. 어머니가 없을 때 어머니라는 존재를 더 강하게 느끼는가. 여러분은 어떻게 생각하나요?

또 다른 예를 하나 들어볼까요. 고흐가 그린 낡은 신발 그림이 있습니다. 이 신발 그림을 우리는 어떻게 받아들일까요. 처음에는 고흐와 가깝게 지내던 농부의 신발이라고 알려졌습니다. 그러다 이 신발은 고흐의 신발이라는 해석이 나옵니다. 그림은 그대로인데 의미가 바뀝니다. 데리다는 이 문제에 대해 이렇게 말합니다. "신발의 주인에 대한 논의나 해석은 무의미하다. 예술은 늘 다양한 해석을 가져오고 다양한 해석을 만들어내는 것 자체가 예술이다."

"한 인간은 하나가 아니다.
한 사람 안에는 다층적인 자신이 존재한다."

자크 데리다

데리다는 기존에 존재하는 것은 '질서'로, 그것에 반하는 것을 '혼돈'으로 보는 이원론을 경계했습니다. 무엇이 질서이고 무엇이 혼돈일까요. 우리는 정의할 수 없습니다. 이러한 데리다의 철학을 '해체'의 철학, '탈구축'의 철학이라고 합니다. 그가 말하는 해체는 과거의 틀에서 벗어나는 데에서 그치는 것이 아니라, 새롭고 다양한 무엇인가를 다시 만들어내는 과정이기도 합니다. 이 과정이 끝없이 반복되는 것이지요.

데리다의 철학에는 노장사상이나 불교 철학을 떠올리게 하는 대목이 있습니다. 그렇다고 데리다의 철학에 동양적이라고 이름 붙인다면, 그 또한 서양-동양이라는 이분법을 들이대는 일일 수도 있기에 경계해야겠지만 말입니다.

불교에 '제행무상(諸行無常)'이란 말이 있습니다. '인생무상'이라고 말할 때의 그 '무상'입니다. 제행무상은 이 세상의 모든 사물이 늘 끊임없이 변화한다는 세계관입니다. 제행무상의 세계에서 보면 데리다의 해체 철학에서 말하는 것처럼 중심과 주변이라는 개념은 없습니다. 집단이 더 크고 개인이 더 작지도 않습니다. 계속 변해가니까요. 때문에 살아가면서 확고한 자기 자신을 지니고자 하는 것, 절대적인 자신을 느끼는 법을 찾아내려고 하는 것 자체가 불가능합니다.

딱 한 번밖에 살 수 없는 인생인데 정확한 목적을 찾을 수 없다는 제행무상의 세계관을 심정적으로 받아들이기 힘들 수도 있습니다. '나'라는 존재가 사라지는 것 같은 느낌이 들지도 모릅니다.

그러나 이 제행무상의 세계관에서 보면 '순간순간'에 존재하고 있는 나라는 개인의 자세가 가장 소중합니다. 결국 행복의 총합을 가장 크게 만드는 방법은 '순간의 나'를 소중히 여기고, 내가 끝없이 변화하고 있음을 느끼고 사는 것입니다. 내가 현재 하고 있는 허름한 일에서 위대한 일을 향한 변화가 일어나고 있음을 느낄 수도 있습니다. 이는 어떤 삶을 살든 '살아 있다'는 감각을 유지하는 일이기도 합니다.

5. 편과 편먹기에서 자유롭기 위해

현대 사회는 데카르트가 이원론을 주장했던 시대와 비교할 수 없을 정도로 발전했습니다. 저 멀리 우주의 신비조차 하나씩 규명되고 있습니다. 과거에는 상상할 수 없었던 다양한 삶의 형태가 넘쳐납니다. 훨씬 더 풍족한 삶을 살 수 있게 되었습니다. 하지만 어찌 보면 더 심한 이원론의 세계가 된 것 같기도 합니다.

정치는 극단화되었습니다. 성별 갈등도 심합니다. 일상에서 마치 적군과 아군을 명확하게 나눌 것을 요구받는 경향은 더 강해지고 있습니다. 국제 관계도 그러합니다. 제2차 세계대전 이후 반세기 가까이 지속되었던 미국과 소련의 냉전 관계는 '이념 대립'만 사라졌을 뿐, 오늘날에도 세계 질서를 둘러싼 미국과 러시아 간 극강의 대립은 유지되고 있습니다.

새로운 이원론의 시대를 살아가야 하는 현대의 개인은 매우 혼란스럽습니다. 고통스러울 때도 있습니다. 그런 혼란으로부터 벗어나 '명료한 사고'를 얻고 싶다고 '내 편'을 정하게 되면 이원론적 사고는 도리어 더 강해집니다. 오늘날의 개인주의는 편과 편을 나누는 세상으로부터 자신을 지키기 위한 하나의 방법으로 추구되어야 합니다. 여기에 불교 철학이 도움이 됩니다.

세상을 이원론적으로 해석하지 않는 불교 철학의 관점을 받아들일 때 어떤 좋은 점이 있을까요. 다른 무엇보다 세상이 '경이롭다'는 느낌을 가질 수 있다는 점이 중요하다고 생각합니다. 인간의 창조성은 감수성과 관련이 있다고 말했습니다. 인간은 모순된 존재이며 끝없이 변화 가능한 존재입니다. 기술이 발달하고 세상을 다 규명할 수 있는 것처럼 이야기하지만, 인간의 이 모순성과 변화성은 사라지지 않습니다. 인간만이 아니라 세상이 전부 그렇습니다. 세상에는 '놀라운 일'이 계속 기다리고 있습니다. 이럴 때 느껴지는 감수성을 가리켜 저는 '경외심'이라고 부릅니다.

'경외'에서 '경'은 놀랍고 두려워한다는 의미입니다. 그러나 이는 공포의 감정을 의미하는 두려움과 다릅니다. 인간의 지혜와 지식으로 측정되지 않는 세상이 있다는 데에서 오는 감각입니다. 이런 경외심이 더 발전하면 '유희'의 단계로 넘어갈 수 있습니다.

'유희'는 논다는 뜻입니다. 인간은 놀이하는 존재입니다. 놀이를 즐기는 아이들을 보십시오. 그들에게는 모든 것이 새롭습니다. 창조성이 넘칩니다. 몰입하고 즐거워합니다.

불교 철학에는 이 '유희'라는 단어가 자주 등장합니다. 마음을 자유롭게 풀어주어 생동감이 넘치게 하라는 뜻입니다. 불교에서 유희는 마구잡이로 사는 일이 아니라, 어떤 대상에 대한 헛된 집착에서 벗어나기 위해 스스로 부지런히

정진하는 일입니다. 자신을 수행함으로써 더 자유롭고 즐거워진다는 것입니다.

불교의 초기 경전인 『숫파니타파』에 이런 대목이 나옵니다. "홀로 행하고 게으르지 말며, 비난과 칭찬에도 흔들리지 말라. 소리에 놀라지 않는 사자처럼, 그물에 걸리지 않는 바람처럼, 진흙에 더럽히지 않는 연꽃처럼, 무소의 뿔처럼 혼자서 가라." 한 개인이 태어나 경외와 유희의 감각을 가지고 살아가는 일이 무엇인지를 잘 느끼게 해주는 대목이라고 생각합니다.

현대 사회에서 비과학적이고 비논리적으로 산다는 것은 불가능합니다. 때문에 불교 철학의 가르침은 마치 현대 사회에 어울리지 않는 것처럼 느껴지기도 합니다. 더 합리적인 설명을 찾으려는 것은 인간의 습성입니다. 하지만 그런 습성을 유지하면서도 우리는 경외로운 삶을 살 수 있습니다. 마치 파란 하늘의 구름과 같은 삶입니다.

하늘에 떠 있는 자유분방한 형태의 수많은 구름을 과학의 원리로 분석하고 설명할 수도 있습니다. 구름은 기온, 기압, 온도 등의 여러 수치로 기술할 수 있는 현상입니다. 그러나 과학적인 설명을 안다고 해서 우리가 파란 하늘의 구름에서 느끼는 놀라운 감각이 사라지는 건 아닙니다. 우리는 하늘과 구름을 과학적으로 이해하지만 동시에 온화함, 고요함, 상쾌함, 깨끗함 등의 감수성을 느낍니다. 무엇보다 보는 사람에 따라 이 감각이 다르다는 점이 놀랍습니다. 똑같이 파란 하늘을 바라보아도 자신에게만 특별하게 느껴지는 파란 하늘이 있습니다.

이제까지 선불교의 마음 수행에서 시작해 불교 철학이 우리에게 어떤 의미가 있는지를 살펴보았습니다. 결국 절대적으로 변치 않는 '나'란 없고, '나'란 끝없이 새롭게 태어나는 존재입니다. '나'라는 존재도 없는데, '남'이라는 존재는 있을 수 있을까요? 나와 남과의 관계에서 일어나는 어떤 일로 고통스러워하는 것 또한 모두 '집착'일 뿐입니다. 이러한 철학을 받아들이면 우리는 진정으로 '사심 없는 관계'를 맺을 수 있고, 대가를 바라지 않는 배려도 나눌 수 있을 것입니다.

7장

예술로 나를 인정받고 싶다면

_'풀베개'의 예술론

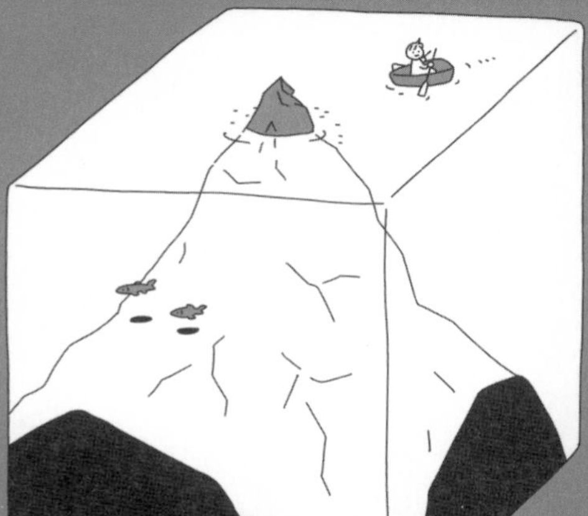

1. 예술가는 어떻게 탄생하는가

개인주의 철학의 첫 시작을 나쓰메 소세키와 함께했습니다. 다시 소세키로 돌아가 보겠습니다. 최초의 국비 장학생이었던 소세키의 어깨에는 무거운 사명이 얹혀 있었습니다. 더 앞선 나라의 문학을 공부해 모국의 발전에 이바지해야 한다는 책임감이 컸을 것입니다.

그러나 영국인도 아닌 내가 과연 영문학을 제대로 이해할 수 있을까. 그리고 이 영문학을 전혀 다른 역사와 배경을 가진 나라에 소개하는 일이 어떤 의미가 있을까. 만약 그것의 본질은 버려두고 겉의 형태만 가져온다면, 오히려 잘못된 일을 하게 되는 게 아닐까. 자기 마음속에 생긴 이 질문에 대해 성실하게 답하려는 노력을 포기하지 않았던 소세키가 도달하게 된 개념이 바로 '개인주의'라는 것을 앞에서 살펴보았습니다.

그런 소세키가 집필한 여러 작품 중 조금 색다른 작품이 있습니다. 바로 『풀베개』입니다. 이 장편소설은 1906년에 발표되었습니다. 이때 소세키는 이미 유명한 작가로 『나는 고양이로소이다』를 비롯해 왕성한 집필 활동을 할 때였습니다. 『풀베개』에는 이렇다 할 스토리가 없습니다. 소설의 배경은 산속의 목욕탕이 딸린 여관입니다. 이 여관에 묵게 된 서양화가인 주인공이 여관집 딸 '나미'와 나누는 마음의 교류를 축으로, 대부분의 이야기가 주인공의 마음속 독백으로 전개됩니다.

이 작품은 주인공이 화가인 만큼 관찰과 묘사가 빼어납니다. 주인공이 바라보는 인물들과 자연에 대한 묘사가 정말 아름답습니다. 그러나 이 작품이 유명한 건 그런 묘사보다는 소세키라는 작가의 개인적 사상이 잘 드러나 있기 때문입니다. 이 작품이 소세키의 체험을 그대로 옮긴 것은 아니지만 주인공의 독백을 통해 예술론, 문화론 등 여러 사상이 드러난다는 점에서 소설이라기보다는 마치 소세키의 속마음을 드러낸 에세이 같은 작품입니다. 특히 작품의 맨 앞에 나오는 문장은 당시의 청년들은 물론, 오늘날 독자들의 마음도 사로잡습니다.

> 산길을 오르면서 이렇게 생각했다.
>
> 지(智)를 따지면 모가 난다. 정(情)에 치우치면 밀려난다. 고집을 부리면 옹색해진다. 여하튼 인간 세상은 살기 힘들다.•

인간 세상은 살기 힘듭니다. 자신의 주장을 남에게 합리적으로 이해시키려고 애쓸수록 마찰을 일으키기 쉽습니다. 그렇다고 매사를 정으로 해결하려고 하면 일이 제대로 해결되지 않습니다. 고집을 부려 억지로 일을 추진하려고 하면 결국 문제가 생깁니다. 사람이 만든 세상에서 사람이 살아가기가 힘이 듭니다.

소세키가 '살기 힘든 세상'이라고 표현한 데에는 당시에 진행되던 급격한 기술화와 근대화, 그리고 전쟁이라는 시대적 배경이 있었을 것입니다. 그러나 그때로부터 백 년도 더 지난 오늘에 읽어도 누구나 고개를 끄덕이게 되는 구절

• 나쓰메 소세키, 『풀베개』 중에서

입니다. 소세키는 이 대목에 이어 다음과 같이 말합니다.

> 살기 힘들다는 생각이 커지면, 살기 편한 곳으로 옮기고 싶어진다. 어디로 가도 살기 힘들다는 사실을 깨달았을 때, 시가 태어나고 그림이 생겨난다.•

이 대목에서 소세키 예술론의 실체가 드러납니다. 예술 세계는 현실의 세계와 다릅니다. 다큐멘터리와 영화가 분명히 다르듯이, '창작'이라는 예술적 행위는 현실로부터 거리를 둘 때 탄생합니다. 그렇기에 평범한 사람들이 예술가를 존경하는 것입니다. 그 쉽지 않은 거리두기를 해내 다른 세상을 보여주는 데에 성공한 사람들이니까요.

> 옮겨 살 수도 없는 세상이 살기가 어렵다면, 살기 어려운 곳을 어느 정도 편하게 만들어서 짧은 생명을, 한동안만이라도 살기 좋게 만들지 않으면 안 된다. 여기에서 시인이라는 천직이 생기고, 화가라는 사명이 내려진다. (중략) 살기 어려운 세상에서 살기 어렵게 하는 번뇌를 뽑아내고, 고마운 세계를 직접 묘사해내는 것이 시고 그림이다. 혹은 음악이고 조각이다.•

소세키는 예술이 세상의 번뇌를 뽑아내는 일이라고 말합

니다. 그러면 그 번뇌는 어떻게 뽑아낼 수 있을까요. 『풀베개』의 주인공이 선택한 방법은 우선 '자연을 찾아가는 것' 입니다. 인간이 만들어낸 대도시와 달리 자연에서는 만나는 모든 것이 유쾌하고 흥미로우며 괴로움 따위는 전혀 없습니다. 왜 자연 앞에서 인간은 시름을 잊을 수 있을까요. 소세키는 이렇게 말합니다.

> 괴로움이 없는 것은 왜일까. 그저 이 경치를 한 폭의 그림으로 보고, 한 권의 시로 읽는 까닭이다. 그림이자 시(詩)인 이상 땅을 받아 개척할 마음도 들지 않고, 철도를 깔아 한몫 챙기려는 요량도 생기지 않는다. 그저 이 경치가 —요깃거리도 되지 않고 월급에 보탬이 되지도 않는 이 경치가 오로지 경치로서만 내 마음을 즐겁게 해주기 때문에, 고생도 근심도 따라오지 않는 것이리라.
>
> (중략)
>
> 이것을 알기 위해서는 알 만한 여유를 가진 제삼자의 위치에 서야만 한다. 제삼자의 위치에 서야만 연극은 보았을 때 재미있다. 소설도 읽었을 때 재미있다. 연극을 보고 재미있어하는 사람도 소설을 읽고 재미있어하는 사람도 자신의 이해득실은

• 나쓰메 소세키, 『풀베개』 중에서

문제 삼지 않는다. 보거나 읽는 동안만은 시인이다.*

자연 앞에서 인간은 세상의 이해타산을 잊어버릴 수 있기 때문이라고 소세키는 말합니다. 자연 앞에서 세상의 이해타산을 잊는 일을 소세키는 "제삼자의 위치"라고 표현합니다. '제삼자의 위치'에 서면 어떤 '여유'가 생깁니다. 이런 여유가 있을 때 인간은 아름다움을 느끼고, 예술을 탄생시킵니다.

이런 여유의 순간을 꼭 직업이 화가나 시인인 예술가들만 경험하는 것은 아닙니다. 보통의 사람들에게도 세상에 주어진 여러 관계나 목적에서 벗어나 아름다움 자체, 훌륭함 자체에 녹아드는 순간이 있다고 소세키는 주인공의 입을 빌려 말합니다. 살아가는 동안 우리는 얼마나 자주 '여유를 가진 제삼자의 위치'에 설 수 있을까요. 수많은 잡음에서 벗어나 좋은 풍경을 넋 놓고 보는 것과 같은 '몰입'의 순간을 얼마나 경험할 수 있을까요. 인생의 행복은 그 횟수와 정도에 달려 있을 것입니다.

2. 모든 세상으로부터 벗어나고 싶을 때

'제삼자의 위치'에 서서 아름다움을 느끼고 표현하는 일이 사실 쉽지 않습니다. 소세키는 수많은 예술들이 여전히 '세속'에 매여 있다는 점을 꼬집습니다.

> 제삼자의 위치에 서서 연극이나 소설을 즐기는 경우라도, 보통 연극이나 소설에서는 인정(人情)을 벗어날 수 없다. 괴로워하거나 화내거나 떠들거나 울거나 한다. 보는 사람도 어느새 그 속에 동화되어 괴로워하거나 화내거나 떠들거나 울거나 한다. 장점은 사리사욕이 섞이지 않는다는 점일지도 모르나 섞이지 않았기에 그 밖의 정서는 평소보다 한층 더 활발해질 것이다. 그것이 싫다.
> (중략) 아무리 걸작이라도 인정을 떠난 연극은 없다. (중략) 특히 서양의 시는 인간사가 근본이 되기 때문에, 시 중에서 순수한 것이라도 그 경지를 해탈할 줄 모른다. 동정이라든가, 사랑이라든가, 정의라든가, 자유라든가, 세속의 만물 가게에 있는 것만으로 볼일을 본다.•

이 부분을 읽다 보면 약간 당황스럽습니다. 우리가 흔히 '순수한 감동'의 영역이라고 생각했던 사랑, 동정, 정의, 자유 등에 대해서조차 소세키는 '세속의 것'이라고 말하고 있

•나쓰메 소세키, 『풀베개』 중에서

기 때문입니다. 소중하게 추구해야 할 가치라고 생각한 것이 '사람의 정'일 뿐이라니요.

소세키는 연극, 소설, 시라는 예술적 형태를 띨 뿐, 현실 세계에서 사람들의 이해타산에 의해 생겨나는 사랑, 분노, 슬픔을 똑같이 반복하고 있거나 오히려 증폭시키고 있다면, 그것은 예술이라고 보기 어렵다고 말하는 것입니다. 왜냐하면 예술은 세속과 전혀 다른 세계를 경험하는 것이기 때문입니다. 그러면 도대체 어떤 예술이 우리를 현실과 다른 세계와 접속할 수 있게 해줄까요.

소세키는 이 질문에 대한 답을 두 가지 시를 비교하면서 보여줍니다. 소세키는 이 대목의 앞뒤로 두 개의 시를 인용하는데, 앞에서 인용하는 것은 영국의 낭만주의 시인 퍼시 비시 셸리의 「종달새」이고, 뒤에서 인용하는 것은 동양의 시입니다.

> 앞을 보고, 뒤를 보고, 갖지 못함을,
> 우리는 안타깝게 여기도다.
> 배 속에서의 웃음일지라도,
> 괴로움 거기 있으리라.
> 아름다움이 넘치는 노래에 슬픔이 맺힘을 알지어다.•

동쪽 울타리 밑에서 국화를 꺾다가, 유연히 남산을 바라본다.••

「종달새」라는 시를 보면 아무리 행복한 인간이라고 해도, 저 종달새처럼 오로지 한마음으로 앞뒤를 가리지 않고 기쁨을 노래할 수 있는 사람은 없습니다. 바꾸어 말하면 시인이란 종달새처럼 티끌만 한 괴로움도 없이, 가슴이 뛰기만 하는 존재가 될 수 있어야 합니다. 그러면 어떤 시가 종달새가 노래하는 것과 같은 기쁨을 보여주는 시일까요.

소세키는 온전히 가슴이 뛰기만 하는 세계를 보여주는 예로 동양의 시를 인용합니다. 이 간단한 시는 대단한 유토피아를 보여주고 있지는 않지만, 복잡한 세상사를 순식간에 다 잊어버린 듯한 광경이 나타납니다. 놀라운 일입니다.

소세키의 예술론은 자연을 예찬하는 것이 아닙니다. '사람이 만든 세상'으로부터 사람이 벗어날 수 있는 방법에 대한 힌트입니다. 소세키의 관점에서 읽으면 우리가 지루하고 재미없게 여기던 자연을 노래하는 동양 시의 세계가 이해가 됩니다.

• 퍼시 비시 셸리, 「종달새」 중에서

•• 나쓰메 소세키, 『풀베개』 중에서

인간이 산을 찾아가고, 숲속을 거닐 때 느끼는 고양감이 이와 비슷합니다. 자연 속에서 기존의 관계, 맥락, 역할, 감정에서 멀어질 때 만들어지는 독특한 에너지가 있기 때문입니다. 오롯이 '나 개인'으로 존재할 때 발생하는 에너지입니다.

예술은 마치 자연과 같은 에너지를 가지고 있습니다. 위대한 작품을 읽고, 그림을 보고 있으면 우리는 완전히 무엇인가를 잊는 경험을 하게 됩니다. 현실에 존재하면서도 현실 세계로부터 벗어나는 기분을 느낍니다. 수많은 관중들과 함께 관람을 한다고 해도, 작품과 나만 존재하는 것 같은 기분을 느낍니다. 이것이 예술이 가지는 에너지입니다.

그렇기에 예술가란 본질적으로 지극히 '개인주의자'일 수밖에 없습니다. 기존의 세계를 잊을 수 있는 다른 세계를 만들어내려면 세상의 익숙한 감정, 관계, 가치관으로부터 완전히 달아날 줄 알아야 합니다. 그런 개인주의자들이 만들어낸 새로운 세계는 보통의 사람들에게 위로와 기쁨을 선사합니다. 지극히 이기적이기에 모두에게 이타적인 세상을 만들어내는 일. 그것이 예술이 하는 일입니다.

3. 0의 시점으로 세상을 본다는 것

『풀베개』는 영시(英詩)와 한시(漢詩)가 함께 등장하면서 독특한 재미를 줍니다. 이 작품을 읽다 보면 소세키는 자신이 결코 이해할 수 없다고 생각한 영문학을 버린 것이 아니라, 어떤 문학이든 자신의 눈으로 해석할 수 있는 자신감을 갖게 됐다는 점을 이해할 수 있습니다.

여기에서 소세키가 주인공의 입을 통해 말하고 있는, 세상으로부터 거리를 두고 여유로울 수 있는 '제삼자의 위치'라는 말의 의미를 좀 더 확장해서 생각해봅시다. 제삼자의 위치란 과연 무엇일까요. '0의 시점'을 갖는 일이라고 바꿔 말할 수 있을 것입니다.

어떤 일이든 '0의 시점'에서 바라볼 수 있는 사람의 마음은 급하지 않습니다. 내가 맺고 있는 관계, 주어진 과제도 애초에 그것이 '존재하지 않았던 때'가 있었습니다. 그 '0의 시점'에서부터 다시 생각해볼 수 있다면, 우리가 겪는 많은 갈등 중 해결하지 못할 일이 없습니다.

'0의 시점'은 계산하지 않는 것이기도 합니다. 인생에서 벌어지는 많은 갈등들이 나의 손해와 타인의 이익을 계산하기에 만들어집니다. 이런 계산으로는 갈등을 진정으로 해결할 수 없습니다. 그보다는 그 갈등이 왜 존재하게 되었는지, 어떻게 하면 존재하지 않을 수 있었는지, 0의 관점에서 접근해야 합니다.

저는 '미래를 위해서'라는 말을 좋아하지 않습니다. '미래를 위해서'라는 말은 원대해 보입니다. 좁은 이해관계에 휘둘리지 않는 것 같습니다. 하지만 그 말을 사용하는 것을 보면 반대의 경우가 더 많습니다. '미래를 위해서'라는 말은 우리가 현재 하고 있는 모든 행위를 '수단'으로 만듭니다. 내가 하는 행동, 생각, 마음을 무엇인가를 위한 '수단'으로서 평가하기 시작하면 어떻게 될까요. 미래에 도움이 될까 안 될까를 판단하게 되면, 새로운 생각이나 시도를 만들어내기 어렵습니다. 낯선 도전도 어렵습니다. 그 일 자체의 의미를 생각하고 재미를 대하는 순수한 마음이 생기지 않습니다.

미래의 어떤 목적을 이루기 위해 반드시 해야만 하는 일이라 해도, 그 일 자체의 재미와 의미를 찾아내야 합니다. 그렇지 않으면 괴로운 일이 될 것입니다. '0의 시점'으로 세상을 본다는 건, 다른 복잡한 계산을 하지 않고 순수하게 그 자체의 의미를 파악하려는 일입니다.

소세키가 말한 '제삼자의 위치'라는 개념은 영상 제작을 하던 저로서는 공감되는 바가 큽니다. 영상을 만드는 사람은 취재 대상, 촬영 대상과 거리를 둘 수 있어야 합니다. 쉽지는 않습니다. 실제로 존재하는 사람들을 다루는 다큐멘터리를 만들 때, 의욕이 넘쳐서 취재 대상에 너무 많은 마음을 쓰고 공감하게 되는 경우가 있습니다.

그런 나머지 자신도 모르게 가상의 '감동 스토리'를 만들어냅니다. 이래서는 현실의 문제를 제대로 담아내기 힘듭니다. 결국 시청자를 농락하고 속이는 일이 됩니다. 좋은 제작자는 '몰인정의 정신'을 발휘해야 합니다. 소세키의 표현을 빌자면 '인정'에 휘둘리지 않아야 하고, 감정의 과잉이 없어야 합니다. 어떤 대상도 거리를 두고 볼 수 있는 것이 진정한 개인주의자의 태도입니다.

4. 내게 주어진 자유는 몇 평일까

소세키의 『풀베개』에는 당시 군국주의와 급격한 근대화에 대한 비판적 시각이 담겨 있습니다. 대표적으로 증기기관차에 실린 사람들을 묘사하는 대목에서 이런 시각이 드러납니다.

> 기차만큼 20세기의 문명을 대표하는 것은 없다. 수백 명에 달하는 인간을 똑같은 상자에 가득 싣고 굉음을 내며 지나간다. 인정사정없다. 차에 실린 인간은 모두 똑같은 속력으로 똑같은 정거장에 멈추고, 그렇게 마찬가지로 증기의 혜택을 입어야만 한다. 사람들은 기차를 탄다고 말한다. 나는 기차에 실린다고 말한다. 사람들은 기차로 간다고 말한다. 나는 운반된다고 말한다. 기차만큼 개성을 경멸하는 것은 없다.•

『풀베개』의 후반부에 나오는 대목입니다. 이 대목을 근대 문명에 대한 비판으로 읽기도 하고, 증기기관차를 타고 전쟁터로 떠나는 병사들을 배웅하는 장면이었다는 점에서 군국주의 비판으로 읽기도 합니다. 그런데 다음의 대목을 보면 소세키의 관점이 그 이상으로 나아가고 있다는 것을 엿볼 수 있습니다.

> 한 사람당 몇 평, 몇 홉인가의 땅을 주고 이 땅 안에서는 잠을 자든 일어나든 마음대로 하라는 것이 오늘날의 문명이다. 동시에 이 몇 평, 몇 홉 주위에 철책을 치고, 이 철책 바깥으로는 한 발짝도 나가서는 안 된다고 위협하는 것이 오늘날의 문명이다. 몇 평, 몇 홉 안에서 마음껏 자유를 누린 자가 이 철책 밖에서도 마음껏 자유를 누리고 싶어 하는 것은 자연의 기세

다. 딱하게 여겨야 할 문명 국민은 밤낮으로 이 철책을 물어뜯고 포효한다. 문명은 개인에게 자유를 주어 범처럼 용맹하게 만든 후, 개인을 우리 안에 던져 넣어 천하의 평화를 유지한다. 이 평화는 진정한 평화가 아니다. 동물원의 범이 구경꾼을 노려보며 드러누워 있는 것과 흡사한 평화다. 우리의 쇠기둥이 하나라도 빠진다면 세상은 엉망진창이 된다. 제2의 프랑스 혁명은 이때 일어날 것이다. 개인의 혁명은 이미 지금 밤낮으로 일어나고 있다. 북유럽의 위인 입센은 이 혁명이 반드시 일어날 상태에 대하여 그 예증을 자세히 우리에게 보여주었다.•

소세키는 근대 문명을 비판하면서 '개인의 자유와 혁명'을 이야기합니다. 그리고 그 예로 노르웨이의 작가 헨리크 입센을 듭니다. 입센은 안톤 체호프와 함께 현대 희곡에 많은 영향을 끼친 작가입니다. 그의 작품 중 가장 널리 알려진 작품이 바로 『인형의 집』입니다. 이 작품 속 주인공인 노라는 아내이자 어머니로서 헌신을 다하는 인물입니다. 그러나 정작 자신이 저지른 과거의 잘못이 드러났을 때, 남편은 그 잘못을 이해하기보다 비난합니다. 이에 노라는 자신

• 나쓰메 소세키, 『풀베개』 중에서

이 지키고자 했던 가정을 떠나는 결정을 내립니다.

『인형의 집』이 쓰여진 19세기 후반은 프랑스 혁명 이후 시민 개인의 인권에 대한 의식이 높아지던 시기였습니다. 왕정과 신분제를 무너뜨린 혁명이 개인의 혁명으로 이어지고 있었던 것입니다. 한 여성의 자기 독립을 다룬 『인형의 집』이 당시 유럽에 엄청난 센세이션을 일으켰던 것도 이 때문입니다. 『인형의 집』이 말하고 있는 개인의 해방이라는 주제는 한 사람이 오롯이 한 개인으로 존재할 수 없으면 '함께'하는 일도 가능하지 않음을 말해주기도 합니다. 개인이 자유로울 수 없는 공동체란 '가짜 공동체'입니다.

소세키 또한 입센의 작품에서 많은 영향을 받았다는 것이 이 소설을 통해 온전히 드러나고 있습니다. 소세키가 말한 '개인의 자유와 혁명'의 의미가 오늘날의 시대에 딱 들어맞지는 않을 것입니다. 그러나 소세키의 문제의식을 가져와 오늘의 우리에게 유의미한 질문으로 만들어볼 수는 있습니다. 우리는 정말 '자유로운 개인'으로 존재하고 있는 것일까요? 현대 사회는 '당신이 원하는 건 무엇이든 할 수 있다'라고 말하지만, SNS에 무심코 올린 말 한마디로 걷잡을 수 없는 사태가 일어나기도 합니다. 개인의 운명이 좌우

Revolution!

되기도 합니다.

누구나 자유롭고 평등하게 소통할 수 있는 사회가 되어 가고 있다고 합니다. 하지만 여러 도덕적 기준들로 상대를 재단하고 집단적으로 비난하는 일도 늘어갑니다. 그뿐이 아닙니다. 무엇보다 사회경제적 격차가 점점 커져 개인의 노력으로 넘나들 수 없을 정도가 되었습니다. 이런 상황들은 '나'라는 존재가 매우 작아지는 듯한 기분을 느끼게 합니다.

소세키가 관찰한 바, 대륙을 넘나드는 기차를 타고 있다고 해도 그 객차 안에서 승객에게 주어진 공간은 매우 좁습니다. 이렇듯 현대 사회의 급속한 발전 속에서 한 개인의 자유와 행복은 얼마나 커지고 있을까요. 우리 사회 전체의 자유와 행복은 얼마나 커지고 있을까요.

소세키가 말한 개인주의가 당시의 군국주의와 산업화, 맹목적인 서구화에 대항하기 위한 일이었다면, 오늘날의 개인주의는 더 나아가 눈에 보이지 않게 줄어드는 사회 전체의 자유를 지키기 위한 일이기도 합니다.

5. 나를 없앰으로써 태어나는 개인주의

개인주의 철학 수업의 마지막에 소세키의 『풀베개』를 살펴본 이유는, 궁극적인 개인주의란 '나'를 없애는 일이라는 것을 말하기 위해서입니다. 소설에서 주인공 화가는 나미의 개성 넘치는 모습을 그림으로 그리고자 하지만 해내지 못합니다. 자신이 추구하는 잡념이 사라진 세계, 인정으로부터 자유로운 그림을 그리지 못하는 것입니다. 그러던 주인공은 전쟁에 참전하러 기차를 타는 사촌동생을 배웅하다, 만주로 떠나는 전남편의 모습을 발견한 나미의 얼굴에서 '지금까지 본 적이 없는' 표정을 발견합니다. 『풀베개』의 마지막 장면이자, 가장 핵심적인 대목입니다.

> 갈색의 빛바랜 중절모 밑에서 털이 덥수룩한 산적이 서운한 듯이 고개를 내밀었다. 그때 나미 씨와 산적은 엉겁결에 얼굴을 마주 보았다. 철로 된 차는 덜컹덜컹 움직인다. 산적의 얼굴은 이내 사라졌다. 나미 씨는 망연자실하여 떠나는 기차를 배웅한다. 그 망연함 속에 신기하게도 여태껏 본 적 없는 '가련함'이 얼굴 가득 떠올랐다.
> "그거야! 바로 그거예요! 그게 나오면 그림이 됩니다."
> 나는 나미 씨의 어깨를 두드리면서 작은 목소리로 말했다. 내

마음속의 화면은 이 순간에 이루어졌다.•

'산적'은 나미의 헤어진 남편입니다. 전장으로 향하는 기차에서 얼굴을 내민 그와 우연히 눈이 마주친 나미는, 그 순간 주인공이 여태껏 본 적 없는 표정을 짓습니다. 나미라는 인물은 어떤 마음이었을까요. 전쟁터로 향하는 어린 사촌동생은 살아 돌아올 수 있을지 알 수 없습니다. 나미에게 돈을 빌려서 만주로 떠나는 전남편도 마찬가지입니다. 돈을 벌려고 가는 것인지, 죽으러 가는 것인지 알 수 없습니다.

생사를 알 수 없는 곳으로 향하는 그들을 바라보는 나미라는 인물의 마음속에서 그간의 세속적 이해관계가 모두 사라졌을 것입니다. 그로 인해 '자신'조차 잊었던 것입니다. 그렇게 빈자리에 나미가 한 번도 갖지 못했던 '연민'이라는 감정이 올라옵니다. 그 새로운 표정에서 주인공 화가는 자기가 그토록 찾았던 예술 표현의 완성을 발견합니다.

『풀베개』를 통해 그려지는 소세키의 미학과 예술론에 대해서는 다양한 해석이 있을 것입니다. 반론도 많을 것입니다. 특히 모순덩어리인 인간의 모습을 있는 그대로 적나라

•나쓰메 소세키, 『풀베개』 중에서

여태껏 본 적 없는 '나'를 찾기 위해
나를 없애는 것이 곧 개인주의

하게 표현하고자 했던 자연주의 문학의 입장에서는 동의할 수 없는 부분들이 많습니다. 소세키의 문학을 반(反)자연주의 문학이라고 해석하기도 합니다.

한 가지 분명한 건, 소세키의 예술론은 그가 말한 '나의 개인주의' 정신과 연결되어 있다는 점입니다. 소세키는 인간이 아름다움의 본질에 가닿는 일은 타인과 세상으로부터 거리를 둘 수 있는 능력, 즉 '개인주의'라는 태도를 가질 때만 가능하다고 말하고 있습니다. 그 아름다움을 나미라는 인물의 '본 적 없는 얼굴'로 표현하고 있는 것입니다.

사람은 생존하려는 욕구만이 아니라 아름다움을 추구하는 욕구도 갖고 있습니다. 대단한 예술가가 아닌 보통의 사람들도 아름다운 것과 그렇지 않은 것을 구분하려 합니다. 아름다운 것이 무엇인지 자신의 눈으로 판단할 수 없으면 불안함을 느낍니다. 또한 수시로 아름다운 순간을 경험하려 하고, 나아가 다양한 형태로 표현하려 합니다.

인간의 존재를 사로잡는 아름다움이란 무엇인가. 그건 어떻게 만날 수 있는 것인가. 소세키는 '나조차 완전히 잊어버리는 순간'에 발견할 수 있다고 말하고 있습니다. 왜냐하면 '나'라는 존재 또한 '속세'의 것이기 때문입니다. 그런 의미에서 진정한 개인주의는 '나를 없애는' 일이기도 합니다.

에필로그

철학은 어떻게 행복을 가져오는가

제가 다녔던 시골 중학교에 관심정(觀心庭)이란 정원이 있었습니다. 관심정이란 글자 그대로 마음을 보는 정원이라는 뜻입니다. 이 정원에는 하얀 모래가 깔려 있었습니다. 그 모래에 대나무로 만든 갈퀴를 사용해 물결무늬를 만들어놓았습니다. 교토 료안진의 정원만큼 멋진 것은 아니었지만, 가만히 들여다보고 있으면 시끄러운 마음이 조용히 가라앉곤 했습니다.

시골 공립중학교 한구석에 어떻게 이런 공간이 있었을까. 기술 과목을 가르쳤던 한 선생님이 잠시 숨을 돌리는 공간을 마련하자는 아이디어를 냈다고 합니다. 학생들 마음에 일종의 '여백'을 만들려고 한 것 같습니다. 덕분에 저처럼 마음이 심란한 학생들이 들러 잠시 멍을 때리며 긴장된 마음을 풀곤 했습니다.

책을 읽는 것은 그런 정원을 바라보는 것과 비슷하다고 생각합니다. 자기 마음과 생각을 들여다보는 책 읽기가 되지 않는다면, 그런 기회를 주는 책이 아니라면 좋은 책이 되기 어렵겠지요. 이 책이 그런 정원에 들렀다 가는 기분을 느끼게 해주었다면 정말 좋겠습니다.

이 책에서는 여러 고전을 다루었습니다. 고전을 읽는 것이야말로 정말 좋은 정원에서 자신의 생각을 다듬어가는 시간을 갖는 일입니다. 고전이 담고 있는 '정보'는 옛것입니다. 오늘날의 정보에 비하면 턱없이 낡았습니다. 그러나 수많은 책 중에 '고전'으로 살아남은 책은 '정보'가 중요한 게 아니라, 읽는 사람으로 하여금 자기 자신과 대화하게 만드는 힘을 갖고 있기에 사랑받는 것입니다. 이 책에서 소개한 철학자들의 저서가 바로 그러합니다.

좋은 고전을 읽을 때 자신과의 대화가 잘되는 이유는, 그런 고전이야말로 글쓴이의 마음이 잘 드러나는 책이기 때문입니다. 인류의 고전들을 살펴보십시오. 그 하나하나마다 글쓴이의 '개인성'이 강력하게 담겨 있습니다. '자기'를 만들지 못한 이들 중에 위대한 철학자가 된 사람은 없습니다. 모두 당대에 '스스로 설' 용기를 냈던 이들입니다. 스스로 새로운 자신을 발견하고, 그렇게 발견한 자신을 믿었습니다.

그런 이들을 옆에 두면 외롭지 않습니다. 역사 속 인물과 친구가 되면 든든한 힘이 됩니다. 현실 세계의 어떤 사람과의 관계에서도 발견하기 어려운 힘이 되어줄 것입니다. 만약 고전을 읽기가 힘들다면, 그 고전을 쓴 사람을 한 '개인'으로 마주할 자세가 되어 있지 않기 때문입니다. 난해하기만 한 철학자들을 대할 때 친구 한 명을 사귄다는 생각으로 접근해본다면, 그 어렵던 철학의 세계가 쉽게 문을 열어줄 것입니다.

이 책을 마무리하면서 한 문예평론가의 말이 떠오릅니다. 인터뷰 도중 그는 이렇게 말했습니다. "인간은 무엇이 마음에 상처를 주고, 무엇이 삶에 기쁨을 주는지 알지 못합니다." 취재 주제와 상관없이 잡담을 주고받던 중에 불쑥 나온 말입니다. 카메라도 돌아가지 않을 때 나온 이 말은 그의 표정과 함께 아직도 기억에 선명합니다. 예순둘의 나이였던 그의 얼굴에서 그간 살아왔던 인생의 다양한 장면이 되살아나고 있음을, 수많은 감정들이 빠르게 스쳐 지나가는 것을 느낄 수 있었습니다.

인간은 태어나 성장하고 나이 들수록 '내가 무엇을 모르는지'를 깨달아가는 존재인 것 같습니다. 자칫 잘못하면 허탈함에 빠지기 쉽습니다. 그러니 더욱 '자기만의 인생을 느끼는 법'을 몸에 익혀야 합니다. 인생에 남은 시간이 얼마 없다고 느껴질 때가 반드시 찾아옵니다. 중년이나 노년에게만 그런 느낌이 오는 게 아닙니다. 정신을 차려보면 십 대 시절이, 청춘의 이십 대가 끝나가고 있습니다.

독일의 대문호 괴테는 이런 말을 했습니다. "그 시작과 똑같은 기분으로 인생을 끝내는 사람이 가장 행복한 사람이다." 내 인생의 출발점이 언제인지 정확하게 알 수는 없지만, 우리는 직관적으로 '시작한다'는 기분이 무엇인지는 알고 있습니다. 외부로부터 주어진 잣대가 아니라 나의 양심, 자유, 생각을 중심에 두고 세계를 해석할 줄 아는 사람은 매일 '시작하는' 기분을 느낄 것입니다.

이 책을 덮는 순간에 그런 '시작'의 기분이 들면 정말 좋겠습니다. 저는 이제 여러분과의 대화를 마무리합니다. 이 책의 끝에서 감사할 사람들이 많습니다. 무엇보다 오랜 기간 가르쳤던 도쿄예술대학, 와세다대학의 학생들이 떠오릅니다. 강의 때마다 수업에 대한 소감을 적어준 그들에게 대단히 고마웠다고 말하고 싶습니다. 그들과의 대화가 이 책에 큰 영향을 주었습니다.

언제나 제 원고를 읽고 조언을 아끼지 않은 아내와 글을 쓰다 막힐 때면 졸린 얼굴을 하고 마지못해 내 말 상대가 되어준 고양이 기라리에게도 고마움을 전합니다. 혼자 버려두는 듯하지만 언제나 함께해주는 고양이라는 존재야말로 자기 자신과 나누는 대화를 잘 알고, 자기 생각을 남에게 무리하지 않고 전달할 줄 아는 '개인주의자'의 상징이라는 생각이 드는군요.

1장

나쓰메 소세키, 『나의 개인주의(私の個人主義)』

1914년 11월 나쓰메 소세키가 가쿠슈인대학에서 한 강연을 바탕으로 하는 글이다. 가쿠슈인대학은 상류 계층의 자녀들을 위한 학교였다. 이 강연에서 소세키는 당시 국가를 위하는 일에 반대된다는 이유로 비난받던 개인주의를 옹호하며, 권력과 자본을 비판했다.

슬라보예 지젝, 『펜데믹 패닉(Pandemic!)』

현대 철학의 대표주자인 슬라보예 지젝이 코로나19를 언급한 발언들을 모은 책. 지젝은 코로나19에 대해서는 국가의 강력한 역할이 필요하다는 것을 이야기하지만, 동시에 방역과 경제를 양립 불가능한 두 마리 토끼로 보는 입장도 비판한다. 현존하는 경제 시스템이 코로나19와 같은 상황에 전혀 대처하지 못하고 오히려 격차를 늘이기 시스템이라는 점을 밝힌다.

2장

로제 폴 드루아, 『걷기, 철학자의 생각법(Comment marchent les philosophes)』

로제 폴 드루아는 프랑스 국제철학학교 교수, 프랑스 국립과학연구센터 연구원 등을 역임했다. 프랑스 주요 매체에 칼럼니스트로 활약하며, 40여 권의 저서를 발표했다. 『걷기, 철학자의 생각법』은 고대 그리스의 철학자들, 동양의 철학자들, 근현대 철학자들의 사유와 걷기가 어떤 관계가 있었는지를 밝힌 책이다. 목적 없는 걷기야말로 인간의 고유한 성질이며, 인간의 생각을 키워온 생각법임을 보여준다.

3장

에리히 프롬, 『사랑의 기술(The Art Of Loving)』

1956년에 출간된 책으로, 에리히 프롬의 저서 중 가장 대중적인 명성을 얻었다. 인간의 사랑할 수 있는 능력을 다룬 책으로, 사랑은 감정이 아니라 인간의 '창조적 기술'이라는 관점을 보여준다. 자아를 발달시키지 못하거나, 이웃을 사랑할 수 없는 이들은 사적 관계에서의 사랑도 성공할 수 없다는 주제를 담고 있다.

에리히 프롬, 『인간의 마음(The Heart Of Man)』

에리히 프롬이 『사랑의 기술』과 한 쌍을 이룬다고 밝힌 이 책은 인간의 마음속에 존재하는 선과 악이라는 양면을 정신분석학적으로 분석했다. 에리히 프롬의 저서 중 특히 프로이트 정신분석학과의 관계를 본격적으로 다루고 있다. 오이디푸스 콤플렉스, 자아도취, 죽음의 본능 등의 주제를 다룬다.

에리히 프롬, 『자유로부터의 도피(Escape from Freedom)』

1941년에 출간된 에리히 프롬의 대표작. 독일 국민들이 제1차 세계대전 이후 왕정으로부터 획득한 자유를 포기하고 극우 독재정권을 선택한 것에 대한 비판적 문제의식을 담은 책이다. 패전으로 인한 패배의식, 경제 파탄으로 인한 고통으로 인해 자신을 강제로 억압해 줄 존재를 선택하는 인간의 사회적 심리를 분석해냈다.

자크 라캉, 『에크리(Ecrits)』

에크리는 '쓴 것'이라는 뜻으로, 자크 라캉이 생전에 자신의 사상에 대해서 출판한 유일한 저서다. 1936년부터 1966년까지 다양한 곳에서 발표한 서른 편의 논문들을 라캉이 나름의 순서로 재배치한 책이다. 라캉은 글을 쓰는 일을 별로 좋아하지 않았다고 한다. 『에크리』를 출간할 당시에 라캉이 "읽히지 않기 위한 것"이라는 말을 남길 정도로, 여기 담긴 글들은 난해하기로 악명이 높다. 하지만 라캉이 남긴 유일한 저서라는 점에서 세계적 베스트셀러가 되었다.

4장

노자, 『도덕경(道德經)』

노자가 남겼다고 전해지는 책으로, 『도덕경』은 상편의 '도(道)'와 하편의 '덕(德)'을 합해 부르는 이름이다. 전해지기로, 주나라가 쇠퇴하자 노자는 은둔하기로 결심하고 떠나는 도중 성문 앞에서 관문지기를 만났다. 관문지기는 노자에게 가르침을 남겨줄 책을 써주기를 청했고, 이에 81편의 짧은 글을 남긴 것이 바로 이 책이다. 도가 사상의 핵심을 담은 책으로 동서양을 막론하고 수많은 사상가들에게 영향을 미쳤다.

장자, 『장자(莊子)』

장자의 가르침이 담긴 책으로, 장자 본인이 집필한 것과 장자의 제자들이 집필한 것을 합쳐 부른다. 여러 판본이 전해져 왔다고 하나, 현재 가장 많이 읽히는 판본은 4세기에 정리된 것으로 내편 7장, 외편 15장, 잡편 11장 총 33장으로 되어 있다. 노자에 비해 구체적으로 집필되어 있어, 쉽고 재미있게 읽힌다.

5장

마르쿠스 가브리엘, 『생각이란 무엇인가(Der Sinn des Denkens)』

독일의 현대 철학자 마르쿠스 가브리엘의 대표 저서 중 하나로 『왜 세계는 존재하지 않는가(Warum es die Welt nicht gibt)』, 『나는 뇌가 아니다(Ich ist nicht Gehirn)』와 함께 마르쿠스 가브리엘의 3대 저작의 완결편이다. 생각의 의미를 탐구함으로써 인간의 지위를 확고히 하려는 기획을 담고 있는 책으로, "인간은 동물이 아니고자 하는 의지를 가진 동물이다"라는 그의 철학을 읽을 수 있다.

미셸 드 몽테뉴, 『수상록(Les Essais)』

몽테뉴가 20여 년 동안 집필한 저서. 107가지의 다양한 제목 아래, 죽음, 우정, 여행, 전쟁 등 인간 세상의 오만 양상에 대한 생각을 써 내려간 책이다. 출간 당시 프랑스 지식인들 사이에 선풍적인 인기를 끌었으며, 셰익피어의 『템페스트(The Tempest)』, 프랜시스 베이컨의 『에세이(The Essays)』 등을 비롯하여 수많은 작가와 철학자들에게 지대한 영향을 미쳤다.

블레즈 파스칼, 『팡세(Pens'ees)』

이 책은 파스칼이 살아생전 오랫동안 구상한 미완성작 「기독교 호교론」을 위한 수기를 그의 사후에 편집, 출간한 것이다. 조카 에티엔 페리에가 서문을 썼다. 이 책은 크게 두 부분으로 나누어져 있는데, 1부는 '신 없는 인간의 비참'을, 2부는 '신 있는 인간의 복됨'을 다룬다.

6장

에리히 프롬, 스즈키 다이세쓰 외, 『선(禪)과 정신분석』

에리히 프롬, 스즈키 다이세쓰, R. 데마르티노가 공저한 책이다. 에프롬은 선철학에 대한 관심이 높아 1957년 멕시코의 자택에서 다이세쓰와 공동으로 '선과 정신분석'에 대한 세미나를 개최했는데, 이 내용을 바탕으로 하는 책이다.

한병철, 『선불교의 철학』

『피로사회』로 잘 알려진 재독 철학자 한병철 교수가 선불교의 세계를 철학적으로 탐구, 소개한다. 플라톤, 헤겔, 니체 등과 같은 서양철학자들의 철학과 선불교 선사들의 통찰을 비교하는 방법을 통해 선불교의 사유를 알려준다. 아무것도 아님(무無), 비어 있음(공空), 아무도 아님(무아無我), 어디에도 거주하지 않음(무주無住), 죽음, 자비(친절)라는 여섯 가지 주제를 다루고 있다.

홍창성, 『미네소타주립대학 불교철학 강의』

서양철학을 전공한 저자가 기독교 전통이 강하기로 유명한 미국 미네소타주의 대학생들에게 불교를 가르친 내용을 담은 책. 무아(無我), 윤회(輪廻), 연기(緣起) 등의 기본 교리부터 불교가 이상적으로 생각하는 경지인 깨달음, 열반(涅槃)에 이르기까지 친절하게 설명하고 있다.

7장

나쓰메 소세키, 『풀베개(草枕)』

『풀베개』는 1906년 《신쇼세쓰》에 발표된 작품이다. 소세키가 『나는 고양이로소이다(吾輩は猫である)』와 『도련님(坊っちゃん)』을 끝낸 후 발표한 작품으로 자신의 예술론이 집약되어 있다. 평생 그가 문제로 삼았던 동서 비교문명론 및 근대적 삶과 예술의 문제에 대한 사고가 집약된 일종의 예술가 소설이라고 할 수 있다.

옮긴이 | 송제나

일본 국립 오차노미즈여자대학교에서 글로벌 문화학과 비교 역사학을 공부했다. 현재 바른 번역 소속 번역가로 활동하고 있다. 옮긴 책으로는 『인간을 탐구하는 수업』『돈의 흐름으로 보는 세계사』『디스커넥트 인간형이 온다』『맥킨지식 로지컬 씽킹』『세계사를 바꾼 12가지 신소재』『시간의 본질을 찾아가는 물리 여행』 등이 있다.

행복한 개인주의자로 살아가기

초판 1쇄 발행 2023년 1월 5일

지은이 | 마루야마 슌이치
옮긴이 | 송제나

펴낸이 | 김보경
편집 | 김지혜
마케팅 | 권순민
디자인 | 풀밭의 여치

펴낸곳 | 지와인
출판신고 | 2018년 10월 11일 제2018-000280호
주소 | (04015) 서울특별시 마포구 포은로 81-1, 에스빌딩 201호
전화 | 02)6408-9979 FAX | 02)6488-9992 e-mail | books@jiwain.co.kr

ISBN 979-11-91521-17-7 03100

“이게 자존감일 줄 알았습니다”

내 삶의 중심에서 ‘나만의 시그니처’를 만드는 여섯 가지 레슨

나를 아프게 하지 않는다

나를 지켜주는 진짜 자존감
상처만 주는 가짜 자존감

전미경 지음 | 268쪽 | 14,800원

자존감이 너무나 중요한 시대,
상처만 주는 가짜 자존감이 아닌,
어떤 상황에서도 나를 지키는 진짜 자존감을 가지려면 어떻게 해야 할까?